Thomas Köhler

Kirchen in Rom

Thomas Köhler

KIRCHEN IN ROM

LIT

Bibliografische Information Der Deutschen Bibliothek
Die Deutsche Bibliothek verzeichnet diese Publikation in der Deutschen Nationalbibliografie; detaillierte bibliografische Daten sind im Internet über http://dnb.ddb.de abrufbar.

ISBN 978-3-643-12276-6

Verlagskontakt:
Fresnostr. 2 D-48159 Münster
Tel. +49 (0) 2 51-62 03 20 Fax +49 (0) 2 51-23 19 72
E-Mail: lit@lit-verlag.de http://www.lit-verlag.de

Auslieferung:

Deutschland: LIT Verlag Fresnostr. 2, D-48159 Münster
Tel. +49 (0) 2 51-620 32 22, Fax +49 (0) 2 51-922 60 99,
E-Mail: vertrieb@lit-verlag.de

Österreich: Medienlogistik Pichler-ÖBZ
E-Mail: mlo@medien-logistik.at

Schweiz: B + M Buch- und Medienvertrieb
E-Mail: order@buch-medien.ch

E-Books sind erhältlich unter www.litwebshop.de

Inhalt

Vorwort

Das christliche Rom ist weit mehr als Petersdom und Petersplatz: die Katakomben, frühe Begräbnisstätten und Kultstätten der Christenheit, kleine Hauskirchen der ersten christlichen Jahrhunderte, die sich bis heute als Gotteshäuser erhalten haben, die prächtige Basilika Santa Maria Maggiore, dazu die kirchengeschichtlich äußerst bedeutsamen Basiliken San Giovanni in Laterano und Sankt Paul vor den Toren, daneben die exemplarische frühchristliche Kirche San Clemente, die wehrhafte Klosteranlage mit der Kirche Santi Quattro Coronati, in deren unmittelbarer Nähe der Vicus papissae liegt, wo in den letzten dunklen Jahrhunderten des 1. Jahrtausends die sagenhafte Päpstin Johanna auf einer Prozession mit einem Knaben niedergekommen sein soll.

Betont sei noch einmal, dass es sich hier nicht um einen Romführer im üblichen Sinne handelt – von denen es bekanntlich sehr viele, teils mit aufwändigem Bildmaterial gibt. Zum einen beschränkt es sich programmatisch auf das christliche Rom und behandelt auch dort bei weitem nicht alle Sehenswürdigkeiten; zum anderen werden die Objekte nicht um ihrer selbst willen betrachtet, sondern vor allem insofern, als dass sie kirchengeschichtliche Ereignisse in Erinnerung rufen oder besondere Orte religiöser Verehrung Bedeutung haben.

Obwohl auf Baugeschichte, Architektur und die wichtigsten Kunstgegenstände der besuchten Stätten hingewiesen wird, ist das Buch doch bestenfalls am Rande ein Kunstführer; viele sehenswerte Kirchen – auch solche, die der Verfasser sehr liebt (wie Santa Maria in Trastevere, Santa Sabina, San Carlo alle Quattro Fontane) – sind nicht beschrieben; an ihnen lässt sich nichts Kirchenhistorisches exemplarisch erläutern, oder zumindest nichts, was man nicht besser in anderem Zusammenhang darstellt.

Das Buch richtet sich an die beträchtliche Zahl der Rompilger und an alle, die sich – manche davon wohl mit ambivalenten Gefühlen – dem Faszinosum der Sancta Romana Ecclesia nicht entziehen können.

Für die Wege sind meist einfache schematische Karten angefügt; im Übrigen dürften sie so beschrieben sein, dass sie mittels eines im Hotel erhältlichen Stadtplans leicht nachgegangen werden können. Was angegebene Öffnungszeiten oder Anreisemöglichkeiten zu den Besichtigungspunkten angeht, so ändert sich manches oft schnell; es empfiehlt sich, direkt vorher noch einmal diesbezügliche Informationen einzuholen.

Zahlreichen Freunden verdanke ich wertvolle Anregungen und Informationen. Vor allem bin ich aber meiner lieben Frau Carmen verbunden, die unermüdlich tagelang anhand meiner Aufzeichnungen Kirchen und Grabmäler gesucht und viele Verbesserungen in den Beschreibungen vorgeschlagen hat.

PS: Ein letzter Hinweis: in Rom wird gelegentlich geklaut oder Handtaschen mit Gewalt entrissen. Nehmen Sie also nie mehr Geld als nötig mit und lassen Sie alles wie Führerschein, Wohnungsschlüssel, Pass, Tickets an einem sicheren Ort im Hotel zurück.

Hamburg, im April 2012
Thomas Köhler

1. Rundgang: Von der Engelsburg über die Via della Conciliazione zum Petersplatz

Von der Engelsburg zum Petersplatz

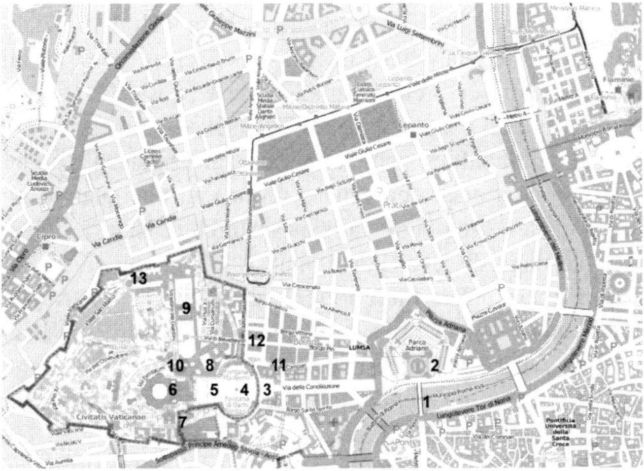

1. Engelsbrücke (Ponte Sant' Angelo)
2. Engelsburg (Castel Sant' Angelo)
3. Piazza Pio XII.
4. Petersplatz (Piazza di San Pietro)
5. Piazza retta
6. Petersdom
7. Camposanto Teutonico
8. Apostolischer Palast
9. Vatikanische Museen
10. Sixtinische Kapelle
11. Verbindungsgang zur Engelsburg
12. Annentor
13. Eingang zu den Vatikanischen Museen

Die weitaus meisten Besucher nähern sich dem Petersplatz über die Via della Conciliazione, sei es, dass sie mit Bussen in dieser breiten Straße abgesetzt werden, sei es, dass sie zu Fuß von der anderen Tiberseite kommen. Im ersten Fall empfiehlt es sich, zurück bis zur Engelsburg zu gehen und auch noch den Tiber (Tevere) zu überqueren, um von dort den Weg zum Vatikan anzutreten. Erst der Gang über die Engelsbrücke (Ponte Sant' Angelo) oder eine andere der Tiberbrücken führt so recht die Tatsache vor Augen, dass Sankt Peter nicht in der eigentlichen Stadt Rom liegt, sondern außerhalb, auf der anderen (der rechten) Tiberseite, was eine nicht unwesentliche Rolle für die Entwicklung der Vatikanstadt gespielt hat.

Wir wählen unseren Weg also über die Engelsbrücke, die bereits seit der Antike steht, aber erst im 17. Jahrhundert durch die Statuen auf dem Geländer ihr heutiges Aussehen erhalten hat. Da die Brücke für den Autoverkehr gesperrt ist, kann man sich ungestört aufhalten (natürlich aber immer wachsam), unter anderem, um einen Blick auf den berühmten Tiber zu werfen, der etwa 30 km vor seiner Mündung ins Ligurische Meer noch immer ein eher unscheinbarer Fluss ist; in den Sommermonaten führt er kaum Wasser.

I

Die Leichensynode und das dunkle Jahrhundert der Papstgeschichte

Das Makaberste, was die Wasser des Tibers wohl je getragen haben, ist die in päpstliche Gewänder gehüllte und verstümmelte Leiche des Papstes Formosus. Der auf ihn fast unmittelbar folgende Stephan VI. – Formosus' Nachfolger Bonifaz VI. blieb gerade zehn Tage im Amt – wurde von einer Adelsfamilie unterstützt, die mit Formosus im Streit gelegen hatte. Stephan ließ den Toten ausgraben, in päpstliche Gewänder kleiden und auf einen Thron setzen, um ihm dann das Gericht zu machen (897); alle von Formosus vorgenommenen Weihen wurden für ungültig erklärt, dem Verurteilten der Segensfinger der rechten Hand abgehauen, die Leiche in den Tiber geworfen.

Auch Stephan regierte nicht lange: Er wurde vom römischen Volk nach wenigen Monaten des Pontifikats erwürgt. Der ihm folgende Papst Romanus blieb nur vier Monate im Amt; dessen Nachfolger Theodor II. ließ den aufgefundenen Leichnam des Formosus in allen Ehren bestatten und erklärte alle Verfügungen der „Leichensynode" für ungültig. Theodor, der von den Historikern sehr wohlwollend beurteilt wird, hielt sich gerade drei Wochen auf dem Stuhle Petri.

Die Jahre von 867 (dem Tode des kraftvollen und integren Nikolaus I.) bis 963, als Johannes XII., von einem betrogenen Ehemann niedergestochen, elend verendete, werden oft auch als finsteres Jahrhundert (saeculum obscurum) der Papstgeschichte bezeichnet. Unterbrochen von zumeist kurzen Regierungen weniger frommer und untadeliger Männer gab es eine bunte Folge von Pontifikaten, deren Inhaber auch vor Mord nicht zurückschreckten; nicht weniger als 26 Päpste werden in diesem Jahrhundert gezählt. Ungefähr in diese Jahre (genauer: die Zeit nach dem Tode Leos IV. 855) fällt übrigens auch der Pontifikat der sagenhaften Päpstin Johanna (s. Stichwort: Die Fabel von der Päpstin Johanna, S. 158).

In unmittelbarer Nähe ist die Engelsburg (Castel Sant' Angelo) zu sehen, eine riesige, im Kern runde Anlage, die auf das Mausoleum von Kaiser Hadrian aus dem zweiten nachchristlichen Jahrhundert zurückgeht. Sehr bald wurde sie erweitert und im Laufe der Jahrhunderte mehr und mehr als päpstliche Festung ausgebaut. Sie ist in ihrem dem Tiber abgewandten Teil mit dem Vatikan durch eine lange Mauer verbunden, in der ein gut geschützter Fluchtkorridor liegt. Durch diesen gelang Papst Klemens VII. die Flucht aus dem Vatikan vor den marodierenden kaiserlichen Soldaten während der Besetzung Roms (Sacco di Roma) im Jahre 1527.

Abgesehen davon, dass der italienische Staat 1971 mit Beschließung der Ehescheidungsgesetze gegen die Bestimmungen der Abkommen handelte, fand 1984 auch eine formale Revision der Lateranverträge statt; seitdem ist der Katholizismus nicht mehr Staatsreligion – während beiläufig erwähnt, diese Rechtskonstruktion hinsichtlich des evangelisch-lutherischen Glaubens noch in einigen Ländern Nordeuropas besteht (von den eigenartigen diesbezüglichen Verhältnissen in England beziehungsweise Großbritannien ganz abgesehen).

Städtebaulich äußerst umstritten – mussten doch dazu große Teile eines historisch gewachsenen Stadtteiles zerstört werden – wurde diese Maßnahme auch unter ästhetischen Gesichtspunkten kritisiert: Der plötzliche grandiose Eindruck der mächtigen Anlage beim Heraustreten aus dem engen Viertel (Borgo) ging verloren, und zudem wird man der breiten Straße mit ihrer faschistischen Architektur wenig abgewinnen können. Andererseits könnten ohne eine solche Zufahrt die Besucherströme in die Vatikanstadt nur schwer bewältigt werden. Der Plan war übrigens nicht ganz neu: Schon Bramante, der erste Architekt der neuen Peterskirche, hatte dafür plädiert, Teile des umgebenden Viertels abreißen zu lassen, und unter Innozenz X., Mitte des 17. Jahrhunderts, war der Entschluss gefasst worden, durch eine große Zufahrtsstraße „die Majestät der Peterskirche zur Wirkung zu bringen". Keines dieser Projekte gelangte zur Ausführung.

Beim Gang auf Petersplatz und -kirche zu, bei dem man sich nicht von Bettlern, Händlern und zahllosen Läden ablenken lassen sollte (dabei auch ein waches Auge auf Taschendiebe hat), wird die Größe von Sankt Peter mehr als von jeder anderen Stelle deutlich. Bei genauerem Hinsehen ist zu bemerken, dass die Straße leicht ansteigt; sie zieht zur Spitze des (nicht sehr hohen) Vatikanischen Hügels (außerhalb der Stadt und damit auch nicht zu den sieben Hügeln gerechnet). Er war in römischer Zeit ein Gräberfeld, beherbergte außerdem noch den großen Zirkus des Nero. Der Name Vatikanischer Hügel kommt übrigens von den „vaticinores", den Weissagern und Traumdeutern, die in dieser Gegend ihre Stände hatten.

Die Via della Conciliazione erweitert sich an ihrem Ende zur Piazza Pio XII.; überquert man eine befahrene Straße, so erreicht man den Petersplatz (Piazza di S. Pietro) und befindet sich nun bereits auf dem Territorium des Vatikanstaates.

2. Rundgang: Der Petersplatz

Der Petersplatz (Piazza di San Pietro) besteht aus zwei Teilen: Das große Oval hat einen Durchmesser von 240 m (parallel zur Domfassade), einen kleineren Durchmesser von 160 m und ist links und rechts durch die Halbkreise der mächtigen Kolonnaden begrenzt. Der anschließende kleinere trapezförmige Platz erweitert sich kaum merklich zur Peterskirche hin (deswegen auch der nicht ganz zutreffende Name Piazza Retta = rechteckiger Platz). Er umfasst im Wesentlichen die mächtige Freitreppe und ist beidseits von Gebäuden umgeben: links befinden sich u.a. das Postamt, eine Buch- und Souvenirhandlung sowie eine öffentliche Toilette, die man vielleicht sicherheitshalber vor der langen Besichtigung des Doms benutzen sollte – auch rechts, schon im Komplex der Basilika, sind noch einmal Toiletten. Geht man außerhalb der Kolonnaden links um den Petersplatz herum, wird man auf zwei Schweizer Gardisten in ihren bunten Uniformen stoßen, die einen gern – nach Absolvierung einer Leibeskontrolle – zum Camposanto Teutonico vorlassen (nur bis 12.00 geöffnet). Dieser friedliche und weihevolle Ort diente wahrscheinlich seit den Zeiten Karls des Großen als Grabstätte für deutsche Pilger und für in Rom lebende Priester, Gelehrte und Studenten deutscher Herkunft. Seit etwa 1500 ist er unter Betreuung der *Erzbruderschaft zur schmerzhaften Muttergottes*, deren Mitglieder (in oder bei Rom ansässige katholische Deutsche mit besonderer Beziehung zur römischen Kirche) das Begräbnisrecht für sich und ihre Familienangehörigen besitzen. Mit Genehmigung der Bruderschaft können auch andere Personen deutscher (oder niederländischer) Herkunft dort beerdigt werden, wie etwa die Haushälterin von Pius XII.

Die mächtigen vierreihigen Kolonnaden mit insgesamt fast 400 Säulen und Pfeilern wurden unter dem Pontifikat Alexanders VII. nach Plänen von Bernini zwischen 1656 und 1667 errichtet, also etwa ein halbes Jahrhundert nach der Vollendung des Doms und seiner Fassade. Mit höchst raffinierten perspektivischen Mitteln lassen diese Kolonnaden und die anschließenden Gebäude um die Piazza Retta die etwas gedrungene Fassade höher erscheinen – diese musste wiederum ihr Baumeister Carlo Maderna so niedrig gestalten, um nicht noch mehr von der Kuppel zu verdecken. Auf der Dachbalustrade der Kolonnaden und der Seitengebäude befinden sich 140 Heiligenstatuen aus der Barockzeit. Dass die Kolonnaden nicht, wie man angesichts des ovalen Platzes vermuten würde, Teile einer Ellipse, sondern Kreissegmente bilden, sieht man, wenn man sich auf eine der runden, von weißem Marmor eingefassten Granitplatten zwischen Obelisk und Brunnen stellt: Die vorstehenden Säulen des näherliegenden Segments verdecken die drei dahinter liegenden; man steht genau im Mittelpunkt des unvollständigen Kreises.

Neben den beiden Brunnen, von denen der rechte eine Arbeit Carlo Madernas aus dem Jahre 1613 ist (also schon lange vor Errichtung der Kolonnaden stand), der linke aus dem Ende des 17. Jahrhunderts stammt, verdient insbesondere der Obelisk Beachtung. Er ist 25 m hoch (inklusive des Unterbaus und des Kreuzes sogar an die 40 m) und wurde 1586 (also noch vor Vollendung des Dombaus) auf Veranlassung von Sixtus V. hier aufgestellt.

Der Petersplatz, der erwähntermaßen über 200 m breit ist und inklusive Piazza Retta eine Tiefe von über 300 m hat, dürfte etwa 200.000 Menschen fassen, eine Zahl, die bei besonderen Gelegenheiten auch erreicht wird. Dazu gehören beispielsweise die Weihnachts- und Ostersegen „Urbi et Orbi" oder spezielle Anlässe, etwa Heiligsprechungen, schließlich auch die Zeit der Papstwahl und der anschließenden Vorstellung des Gewählten.

IV

Nach der Papstwahl

Haben die Kardinäle in der Sixtinischen Kapelle mit der nötigen Mehrheit einen Papst gewählt (s. Stichwort: Wenn ein Papst stirbt; S. 73) und hat dieser die Wahl angenommen, werden die Stimmzettel so verbrannt, dass weißer Rauch aus dem Schornstein über der Sixtinischen Kapelle aufsteigt. Anschließend tritt der dienstälteste Kardinaldiakon (der Kardinalprotodiakon) auf die Benediktionsloggia und verkündet der wartenden Menge mit seit Jahrhunderten gleichen lateinischen Worten: Annuntio vobis gaudium magnum, habemus papam, eminentissimum et reverendissimum dominum … (es folgt der latinisierte Vorname, etwa Albinum), sanctae ecclesiae cardinalem … (es folgt der Nachname, etwa Luciani), qui nomen sibi imposuit … (in diesem Fall: Ioannem Paulum). Zu deutsch: „Ich verkündige euch eine große Freude: Wir haben einen Papst, den äußerst herausragenden und verehrungswürdigen Herrn Albino, Kardinal der heiligen Kirche, Luciani, der sich den Namen Johannes Paul zugelegt hat.“ (s. Anmerkung 1, S. 238) Der Brauch, sich als Papst einen neuen Namen zuzulegen, geht übrigens auf das 10. Jahrhundert zurück: Ein Gewähl-

ter mit dem Taufnamen Petrus fand sich als Träger dieses Namens so unwürdig, dass er sich Johannes XIV. nannte.

Erst dann zeigt sich der neue Papst, hält eine kleine Ansprache und gibt seinen Segen; auf den Balkonen links und rechts der Loggia stehen die an der Wahl beteiligten Kardinäle.

Vor Betreten des Doms betrachte man, am besten von der Mitte des Petersplatzes aus, noch einige der umliegenden Gebäude in ihren Einzelheiten. Die Kolonnaden und ihre Fortsetzung durch Flügelbauten in Richtung Domfassade wurden bereits erwähnt.

Die Fassade selbst hat eine Breite von fast 115 m und ist 45 m hoch, wirkt damit ziemlich unproportioniert. Dass sie so extrem breit ausfallen musste, lag daran, dass das Langhaus der Basilika ebenfalls sehr breit ist, weiter, dass sie auf Wunsch von Paul V. zusätzlich noch mit den Vatikangebäuden seitlich des Doms verbunden werden sollte. Carlo Maderna – es existiert auch die Namensvariante Maderno – hatte zudem, wie erwähnt, noch darauf zu achten, dass nicht mehr als ohnehin schon von der Kuppel verdeckt wurde. Angesichts dieser Einschränkungen muss man dem Entwurf durchaus Respekt zollen.

Fertiggestellt wurde die Fassade 1612. Sie wird – was sie höher wirken lässt – durch mächtige Säulen und Pilaster gegliedert, die im Erdgeschoß durch fünf offene Portale den Blick auf die Eingangshalle freigeben. Genau in der Mitte des geschlossenen ersten Obergeschosses befindet sich, von Balkonen umgeben, die leicht nach außen ragende Benediktionsloggia, auf der sich der neugewählte Papst zum ersten Mal zeigt und von der aus unter anderem die großen Oster- und Weihnachtssegen erfolgen. Über einem weiteren, bereits oberhalb des Architravs mit dem Giebel liegenden Halbgeschoß schließen fast 6 m hohe Statuen von Christus, Johannes dem Täufer und elf Aposteln (Petrus fehlt hier) die Fassade ab. Auf beiden Seiten befanden sich ursprünglich Glockentürme, die abgerissen werden mussten und später durch die Uhrtürmchen ersetzt wurden. Im linken befindet sich die Glocke von Sankt Peter.

Großteils von der Fassade verdeckt ist vom Platz aus die mächtige Kuppel von Michelangelo (s. dazu den 5. Rundgang). Die beiden nur aus größerer Entfernung sichtbaren kleineren, seitlich davor gelegenen Kuppeln haben übrigens im Inneren keine Entsprechung; sie dienen nur der Außenwirkung.

Über dem rechten Kolonnadenrund sieht man, nach hinten versetzt, den hohen graufarbigen Palast, in dem sich im dritten Stockwerk die päpstlichen Gemächer befinden (oberhalb der an den gelben Verschalungen über den Fenstern kenntlichen päpstlichen Empfangsräume); von dort erteilt der Papst – sofern er sich nicht auf Reisen oder in Castel Gandolfo befindet – jeden Sonntag um 12 Uhr den Angelussegen, verbunden mit einer kleinen Predigt in italienischer Sprache.

Rechterhand der Domfassade (vom Betrachter aus) sieht man Teile der Seitenwände und der schlichten Fassade der Sixtinischen Kapelle.

Die mächtige Freitreppe, an deren unterem Ende rechts die Statue des Paulus (mit dem Richtschwert), links die des Petrus (mit den Schlüsseln) stehen, führt unmittelbar auf eine große Plattform und weiter in die Vorhalle des Doms. Auf ihrem letzten Absatz, „ad gradus ecclesiae" (an den Stufen der Kirche), findet die Inthronisation des neugewählten Papstes statt.

V

Die Inthronisation des Papstes

Der Papst wird nicht geweiht – er hat keine höhere Weihe als die eines Bischofs –, sondern inthronisiert. Das Ritual der Inthronisation (oder Investitur) ist uralt, hat aber im Laufe der Jahre durchaus beträchtliche Veränderungen erfahren. Eine sehr wichtige war, dass die letzten Päpste bei ihrer Inthronisation auf die Krönung mit der Tiara verzichteten. Paul VI. wurde zwar noch mit der Tiara gekrönt, legte sie aber wenig später symbolisch zugunsten der Armen ab. Die Tiara, die Papstkrone mit den drei Reifen, unverzichtbares Element der Papstwappen, ist in jetziger Gestalt spätestens seit dem 14. Jahrhundert bekannt; die Bedeutung dieser wohl aus einer phrygischen Kopfbedeckung abgeleiteten Krone scheint nicht eindeutig geklärt (Sinnbild der Dreifaltigkeit oder der dreifachen Gewalt: Priester-, Hirten- und Lehrgewalt?). Sie hat keine liturgische Funktion und wurde nicht während des eigentlichen Gottesdienstes, sondern vor allem bei Repräsentationsangelegenheiten getragen; während der Messen pflegte sie auf dem Altar abgelegt zu werden. Bei der Krönung wurde sie dem Papst jahrhundertelang mit den folgenden Worten aufgesetzt: „Empfange die dreifache Krone der Tiara und wisse, dass du bist der Vater der

Fürsten und Könige, der Lenker des Erdkreises, hienieden der Stellvertreter Jesu Christi, dem Ehre und Ruhm sei in Ewigkeit, Amen.“

In den letzten Papstinvestituren unterblieb somit diese Krönung mit der Tiara; der wesentliche Bestandteil der Investitur war lediglich das Umlegen des Palliums, des Schulterbandes aus der Wolle eines gesegneten Lammes. Insofern kann man eigentlich kaum mehr von einer Inthronisation im alten Sinne, sondern bestenfalls von einer feierlichen Amtseinführung sprechen (s. Anmerkung 2, S. 238).

Sehr fraglich, jedoch nicht restlos auszuschließen ist für gewisse Zeiten des Mittelalters die Geschlechtsprüfung, der sich angeblich der Neugewählte unterziehen musste. In Anbetracht der mysteriösen, nie sicher belegten Wahl einer Frau für das Papstamt (s. Stichwort: Die Fabel von der Päpstin Johanna; S. 158) soll der Brauch bestanden haben, dem auf einem durchbrochenen Stuhl Sitzenden von unten die Genitalien zu inspizieren, „an sit vir“ (ob er wirklich ein Mann ist). Ein solcher durchbrochener Stuhl hat sicher existiert und zeremonielle Bedeutung gehabt (s. 9. Rundgang); diese dürfte jedoch eine ganz andere gewesen sein. Spätestens seit der Krönung Leos X. zu Anfang des 16. Jahrhunderts ist dieser Brauch, sollte er je existiert haben, definitiv verschwunden. Sogar schon zu Beginn des 15. Jahrhunderts erklärt ein gebildeter Romreisender in einem Brief die ganze Geschichte von der Geschlechtsprüfung als eine „unsinnige Fabel des Volkes“ (Döllinger).

3. Rundgang: Das Innere der Peterskirche

Das Innere der Peterskirche

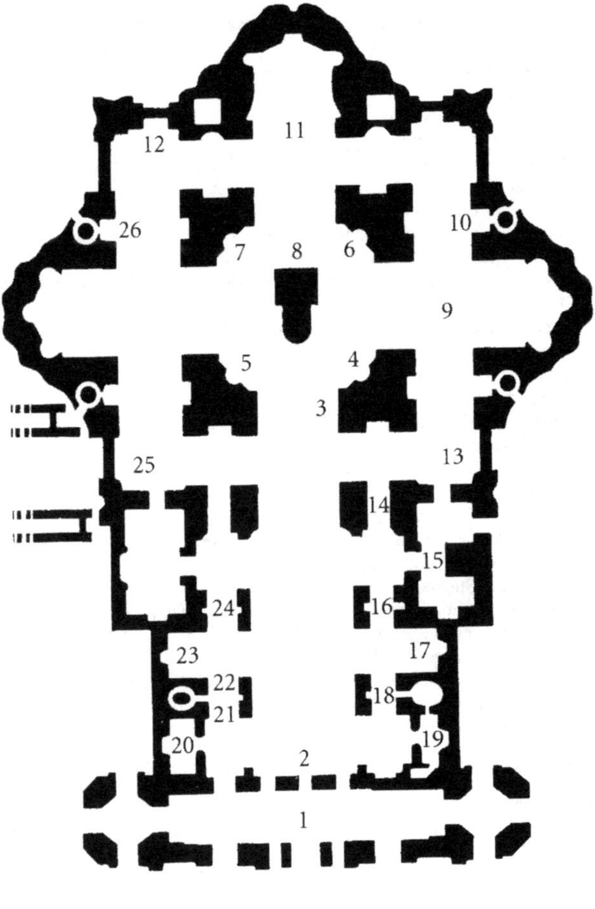

3. Rundgang

1. Vorhalle mit Bronzetüren des Filarete und Porta santa; Reiterstatuen Konstantins und Karls dem Großen
2. Porphyrplatte, (angeblicher) Ort der Krönung Karls des Großen
3. Petrusstatue
4. Pfeiler mit Longinusstatue
5. Pfeiler mit Andreasstatue
6. Pfeiler mit Helenastatue
7. Pfeiler mit Veronikastatue
8. Papstaltar mit Baldachin und darunterliegender Confessio
9. Rechtes Querschiff, Ort des I. Vatikanischen Konzils
10. Grabmal Klemens' XIII. von Antonio Canova
11. Kapelle mit Cathedra Petri sowie den Grabdenkmälern Pauls III. und Urbans VIII.
12. Cappella Colonna mit Grabaltar Leos des Großen
13. Cappella Gregoriana
14. Grabdenkmal Gregors XIII.
15. Kapelle des Heiligen Sakraments
16. Grabmal der Mathilde von Tuszien mit Darstellung Heinrichs IV. vor Gregor VII. in Canossa
17. Cappella di San Sebastiano mit Denkmal für Pius XI. und Bronzestatue Pius' XII.
18. Denkmal für Christine von Schweden
19. Cappella della Pietà mit der Pietà Michelangelos
20. Bapteristerium (Taufkapelle)
21. Denkmal der Stuarts
22. Denkmal für Maria Sobieski (darunter Zutritt zur Kuppel)
23. Kapelle mit Denkmälern für Benedikt XV. und Johannes XXIII.
24. Denkmal für Innozenz VIII.
25. Cappella Clementina mit Grab Gregors des Großen und Denkmal für Pius VII.; Grabdenkmal Pius' VIII. und Eingang zur Sakristei
26. Grabmal Alexanders VII.

Bevor wir die mächtige Peterskirche (Basilica di San Pietro) betreten, einige Worte zu ihrer höchst komplizierten Baugeschichte: Bereits im 1. Jahrhundert soll über dem Grab des hl. Petrus, der vermutlich im nahegelegenen Zirkus des Nero seinen Tod gefunden hatte, eine Gedenkstätte errichtet worden sein (s. Stichwort: Das Petrusgrab, S. 76). In der ersten Hälfte des 4. Jahrhunderts ließ Kaiser Konstantin hier eine mächtige Basilika erbauen, die in ihren Ausmaßen der heutigen Peterskirche nicht allzu sehr nachstand und ihr auch im Aufbau nicht unähnlich war: Über dem Petrusgrab (also auf Höhe des heutigen Baldachins) befand sich – ähnlich wie heute – der Hauptaltar, mit dem das erste Gotteshaus auch auf der Westseite abschloss; die fünfschiffige Basilika reichte nach Osten etwa bis auf die Höhe des jetzigen Eingangs; ein ummauerter Vorhof mit Säulengängen (Atrium), der bis in den heutigen Petersplatz vorstieß, war dem Gebäude vorgelagert. Das Querschiff stand ganz am Ende des Hauptschiffes, sodass sich ein T-förmiger Grundriss ergab; die Basilika hatte weder Turm noch sonst einen Aufsatz. Will man sich einen Eindruck von der damaligen basilikalen Bauart verschaffen, so betrachte man die Oberkirche von San Clemente und insbesondere Sankt Paul vor den Mauern (s. 8. und 11. Rundgang).

Diese konstantinische Basilika leistete immerhin über mehr als ein Jahrtausend ihre Dienste – wenn sie auch gegenüber der Laterankirche damals in ihrer Bedeutung nachstand (s. Stichwort: Die Lateranbasilika und der Petersdom: eine Gegenüberstellung; S. 165). Zunehmend war sie jedoch baufällig geworden; Versuche der Ausbesserung scheiterten bereits im Vorfeld, sodass sich anfangs des 16. Jahrhunderts

Papst Julius II. entschloss, die ehrwürdige Vorgängerkirche restlos abzureißen und durch einen Neubau zu ersetzen.

Der erste Baumeister, der berühmte Bramante, plante den Grundriss eines griechischen (also gleichschenkligen) Kreuzes mit einer Kuppel über der Vierung (dem Schnittpunkt der Mittel- und Querschiffe); in einem feierlichen Akt legte Julius an der Stelle des heutigen Veronikapfeilers am 18. April 1506 den Grundstein. Nachdem einige Jahre später Julius und kurz danach auch Bramante starben, wurde der Plan geändert: Bramantes Nachfolger, u. a. Raffael und Sangallo, favorisierten ein lateinisches Kreuz (also eines mit einem längeren Arm im ersten Teil des Hauptschiffs). Deren Nachfolger wiederum, nämlich Michelangelo, kehrte zum Entwurf des Zentralbaus zurück und baute unter dieser Voraussetzung über der Vierung seine riesige Kuppel; mit diesem Grundriss war 1590 eine Peterskirche vollendet, die ganz den Raumvorstellungen der Renaissance entsprach.

Einige Jahre später befahl Paul V. jedoch einen Umbau des neuen Gotteshauses, eine Rückkehr zum zwischendurch vorgezogenen, dann aber wieder verworfenen Grundriss des lateinischen Kreuzes. Ausschlag für diese Entscheidung gab unter anderem, dass der Zentralbau des griechischen Kreuzes nicht mehr den Erfordernissen der Liturgie entsprach, die mit dem Konzil von Trient erhebliche Änderungen erfahren hatte. So wurde Carlo Maderna, der letzte der vielen Architekten am äußeren Grundriss des Petersdoms, beauftragt, einen Schenkel des Kreuzes zu verlängern und dem Gebäude schließlich eine Fassade vorzusetzen. 1626, 120 Jahre nach Grundsteinlegung, nach einer angesichts der Ausmaße und der wechselnden Pläne erstaunlich kurzen Bauzeit, wurde die Basilika feierlich eingeweiht. Der vorgelagerte Petersplatz mit Freitreppe und Kolonnaden, ohne die die Peterskirche nicht ihr vertrautes Gesamtbild bieten würde, wurde jedoch erst etwa ein halbes Jahrhundert später unter Bernini fertiggestellt (s. 2. Rundgang: Der Petersplatz).

Seit einigen Jahren werden vor Eintritt in die Basilika Leibes- und Gepäckkontrollen durchgeführt, die bei großem Ansturm, etwa in der Osterwoche, zu beträchtlichen Wartezeiten führen können. Zunächst betritt man die zum Petersplatz nur durch Gittertore abgegrenzte mächtige, über 70 m breite und 20 m hohe Vorhalle (1). Von ihr führen fünf Portale ins Innere der Basilika, von denen aber üblicherweise nur drei benutzt werden. Das Mittelportal wird nur bei sehr feierlichen Anlässen geöffnet und besitzt wertvolle Bronzeflügel (mit der Schauseite zum Petersplatz), die von dem Florentiner Meister Filarete um 1440 angefertigt und aus der alten Konstantinsbasilika in den Neubau übernommen wurden; die großen Reliefs zeigen Szenen aus dem Leben der Apostel Petrus und Paulus, die kleineren zeitgenössische Begebenheiten. Das rechte der fünf Portale ist die Porta Santa, die jeweils nur in den Heiligen Jahren geöffnet wird (s. Stichwort: Heiliges Jahr und Heilige Pforte; S. 201).

Die Türen der anderen Portale, einschließlich der Porta Santa, sind modern und stammen aus der zweiten Hälfte dieses Jahrhunderts. Weiter sind in der Vorhalle zwei Reiterstandbilder von Kaisern zu nennen, die engst mit der Geschichte des Petersdoms verbunden sind: Links findet sich dasjenige Karls des Großen, der hier zum Kaiser gekrönt wurde und de facto den Kirchenstaat als eigenständiges politisches Gebilde ermöglicht hat (s. Stichworte: Die Kaiserkrönung Karls des Großen, S. 41, und Der alte Kirchenstaat und der heutige Vatikanstaat, S. 86); rechts findet sich die 1670 von Bernini geschaffene Reiterstatue des Kaisers Konstantin, des Erbauers der Vorgängerbasilika. Dahinter, noch weiter nach rechts, von der Vorhalle durch zwei Tore getrennt, beginnt der Papstpalast.

Üblicherweise werden die Besucher, um Gegenverkehr zu vermeiden, durch eines der Portale in die Basilika eingelassen und durch ein anderes wieder nach außen geführt.

Hinweis: Mit der Kleiderordnung ist man in Sankt Peter sehr streng; Frauen in sehr kurzen Röcken, Shorts oder ärmellosen Kleidern werden in der Regel nicht eingelassen, eben so wenig Männer in kurzen, engen Hosen und Achselshirts. Ersparen Sie sich die peinliche Zurückweisung und die Enttäuschung und planen Sie dies beim Verlassen des Hotels gleich ein; Damen nehmen am besten an heißen Tagen ein dünnes Tuch mit, welches die Schultern bedecken kann. Hemden mit kurzen Ärmeln sind bei beiden Geschlechtern kein Grund für die Zurückweisung.

Betritt man das Innere der Basilika, so ist man anfangs von der Größe meist etwas enttäuscht. Dieser Eindruck verliert sich jedoch sehr bald, wenn man einige Schritte im Langhaus geht, und vor allem, wenn man das Gebäude vom Innern des Kuppelrundes überschaut (s. 5. Rundgang). Einige Zahlen verdeutlichen die ungeheuren Ausmaße: Die Länge (ohne Vorhalle) beträgt 186 m, das Querhaus ist 137 m lang und übertrifft damit die Langhäuser der meisten Kirchen der Welt. Das Mittelschiff ist 44 m hoch und über 27 m breit; steht man unter der Kuppel, so blickt man fast 120 m nach oben. Die Basilika bietet 60.000 Menschen Platz, entspricht diesbezüglich einem recht großen Fußballstadion. Beim Gang in Richtung Papstaltar zeichnen Markierungen am Boden die Längen anderer großer Kirchen. Vor dem Rundgang betrachte man zunächst direkt hinter dem Mittelportal die Porphyrplatte (2); an dieser Stelle soll, natürlich noch in der alten Basilika, Karl der Große am 25. Dezember 800 zum Kaiser gekrönt worden sein.

VI

Die Kaiserkrönung Karls des Großen

Bereits einer der Vorgänger von Leo III. hatte Karls Vater Pippin in seinen Ambitionen auf den fränkischen Königstitel bestärkt und dafür Schutz gegen die Langobarden erhalten, nach deren Niederwerfung sogar große Teile des langobardischen Gebiets als Präsent an das Patrimonium beati Petri, den Vorgänger des Kirchenstaats, empfangen (Pippinsche Schenkung; s. dazu das Stichwort: Der alte Kirchenstaat und der heutige Vatikanstaat, S. 86). Karl bestätigte kurz nach seinem Regierungsantritt als fränkischer König noch einmal ausdrücklich diese Schenkung. Die enge Beziehung zwischen Papsttum und fränkischem Königshaus wurde zudem bestärkt, als Leo III. vor Anklagen und Übergriffen der Bürger und der Verwaltung Roms nach Paderborn in Karls Pfalz floh, unter dessen Schutz feierlich nach Rom zurückgeleitet und schließlich vom König selbst nach einer Unschuldsbekundung wieder in seine Ämter eingesetzt wurde. Wenige Tage später wurde am Ende der Messe am ersten Weihnachtsfeiertag des Jahres 800 Karl unter dem Applaus der Umstehenden zum Kaiser gekrönt.

In Wahrheit war der Akt wohl etwas prosaischer: Karls Haupt wurde nicht feierlich mit einer neuen Krone bedeckt;

vielmehr setzte der Papst dem König, der gerade seine Krone zum Gebet abgelegt hatte, diese erneut auf, wobei die Umstehenden dreimal feierlich riefen: „Karl, dem frommen Augustus, dem von Gott Gekrönten, dem großen Kaiser, Leben und Sieg!" Danach, berichtet das Papstbuch, sei der Kaiser von Leo III. gesalbt worden. Seinem Biographen Einhard soll Karl hinterher gesagt haben, er hätte die Kirche trotz des hohen Feiertags nie betreten, hätte er von der Absicht des Papstes gewusst; mit Recht zweifeln Historiker daran, dass Karl tatsächlich so unvorbereitet war; vielmehr könnte Einhard die Worte erfunden haben, um die Bescheidenheit des Kaisers zu betonen. Eine weitere Ungereimtheit sei angemerkt: Übereinstimmend nach allen sonst deutlich voneinander abweichenden Berichten wurde Karl beim Beten vor der Confessio, also über dem Petrusgrab gekrönt, somit weit entfernt von der Porphyrplatte am Eingang.

Wie auch immer, in jedem Fall handelte es sich um einen historisch ungemein bedeutsamen Vorgang: Zum einen stellte er einen Riesenaffront gegen den Kaiser in Byzanz dar und leitete die Ablösung des Westens von der Herrschaft Konstantinopels ein, zum anderen begründete er die wechselseitige Abhängigkeit von Kaiser und Papst, die in Zeiten gegensätzlicher politischer Interessen hohes Konfliktpotential bot. Trotz der zeitweise erheblichen Differenzen strebten die deutschen Kaiser für viele Jahrhunderte eine Krönung in Rom durch den Papst an, was immer wieder zu Kompromis-

sen Anlass gab. Zuletzt war es Karl V., der sich von Klemens VII. zu Beginn des 16. Jahrhunderts in Bologna zum Kaiser krönen ließ (s. Stichwort: Der Sacco di Roma, S. 12).

Der im Folgenden beschriebene Rundgang durch den Dom ist sehr ausgedehnt, um einen klaren Eindruck von Bauplan und Größe zu erhalten. Er lässt sich jedoch abkürzen, wenn einige Besichtigungspunkte in kleinen Abstechern vom Hauptweg erledigt werden.

Zunächst geht man im Mittelschiff auf den Papstaltar mit dem mächtigen Baldachin Berninis zu. Erwähntermaßen finden sich im Fußboden Markierungen, welche (als Abstand zur Apsis von St. Peter) die Längen der größten Kirchen angeben. Zweitgrößte mit einer Länge von 158 m ist St. Paul's Cathedral in London, um fast 30 m kürzer als die Peterskirche (wenn man deren Vorhalle nicht mitrechnet); lange muss man gehen, um die Markierung für die größte deutsche Kathedrale zu erreichen, den Kölner Dom (135 m). Nicht angezeichnet ist in diesem Bezugssystem die Kirche Notre Dame de la Paix in Yamoussoukro, Côte d'Ivoire (Elfenbeinküste), welche bewusst, auch mit Vorplatz und seinen Kolonnaden, dem Petersdom nachgebaut wurde. Entgegen Angaben in einigen Reiseführern ist diese Kathedrale nicht länger als S. Pietro in Vaticano; sie fasst mit 18.000 Menschen weniger als ein Drittel des Petersdoms.

Im Mittelschiff fanden von 1962 bis 1965 unter Anwesenheit von über 2000 Bischöfen die Sitzungen des II.

Vatikanischen Konzils statt (des 21. ökumenischen Konzils nach der offiziellen Zählung). Einberufen wurde die Konzilsversammlung durch Johannes XXIII., abgeschlossen von Paul VI.

VII

Allgemeines (ökumenisches) Konzil

Als allgemeines oder ökumenisches Konzil (im Gegensatz zum Regional- oder Partikularkonzil) bezeichnet man eine Versammlung von hohen Repräsentanten (meist Bischöfen) der vielen katholischen Ortskirchen (Diözesen), deren Beschlüsse für die ganze Weltkirche Geltung haben (zur Bedeutung des Papstes im Rahmen einer solchen Versammlung s. unten).

Welche der zahlreichen Versammlungen solcher Art als allgemeines Konzil anerkannt werden, ist keineswegs unumstritten: So werden etwa zwei der Laterankonzile von namhaften älteren Kirchenhistorikern nicht dazugerechnet. Nach einer offiziellen Zählung geht man heute von 21 ökumenischen Konzilen aus; neben den acht Konzilen des ersten Jahrtausends und den dicht aufeinanderfolgenden des hohen Mittelalters (Lateran I.-IV., Lyon I. und II., Vienne) zählen dazu die Konzile von Konstanz, von Basel (mit Sitzungen auch in Ferrara und Florenz), das V. Laterankonzil und das von Trient, schließlich die letzten beiden Konzile Vatikanum I und II. Das Verhältnis zwischen Papstentscheidungen und Konzilsbeschlüssen, insbesondere wenn sie einander widersprechen, war eine vieldiskutierte theologische Frage. De facto wurde sie eindeutig erst auf dem I. Vatikanischen Konzil zugunsten des Papstes beantwortet, eine Entscheidung, die auch im II. Vatikanischen Konzil nicht aufgehoben wurde (s. auch Stichwort: Das I. Vatikanische Konzil und das Dogma von der Unfehlbarkeit des Papstes, S. 51).

Die Stellung des Bischofs von Rom bei diesen Konzilen war offenbar für lange Zeit keine besonders prominente. Die ersten dieser Versammlungen fanden im Gebiet der heutigen Türkei statt (Nikaia, Konstantinopel, Ephesos, Chalkedon) und wurden vom römischen (bzw. später: oströmischen Kaiser) einberufen. Erst mit den Laterankonzilen geht die Einladung dazu im Großen und Ganzen vom Papst aus, ohne dass allerdings seine Entscheidung dabei von wesentlicher Bedeutung war. Das Konzil zu Konstanz setzte sogar Päpste ab und wählte einen neuen (Martin V.).

In dem heute gültigen Gesetzbuch der katholischen Kirche (Codex Iuris Canonici) ist die Rolle des Papstes beim Konzil hingegen eindeutig definiert: Es ist nur gültig, wenn es von ihm einberufen wird; erst wenn die Beschlüsse des Konzils vom Papst bestätigt werden, haben sie Gesetzeskraft.

Auf dem Weg zur Vierung und zum Papstaltar lasse man sich zunächst nicht ablenken; wer will, kann schon jetzt die gleich rechts gelegene Kapelle mit der Pietà des Michelangelo besuchen, die durch die Trauben der Besucher nicht zu verfehlen ist. Am rechten Vierungspfeiler, dem sogenannten

Longinuspfeiler, angekommen, betrachte man die Bronzestatue des Petrus (3). Sie stammt (mutmaßlich) von Arnulfo di Cambio und wurde demnach in der zweiten Hälfte des 13. Jahrhunderts geschaffen. Der rechte Fuß ist völlig abgewetzt; seine Berührung soll Segen bringen; im Laufe der Jahrhunderte soll der Fuß bereits mehrfach ersetzt worden sein. Am 29. Juni, dem Fest des hl. Petrus, wird die Statue in päpstliche Gewänder gehüllt.

Die mächtigen Vierungspfeiler tragen die von Michelangelo entworfene Kuppel; der Meister erlebte selbst nur noch die Vollendung des Tambours, der unteren zylinderförmigen Basis. Um das Innere dieser Basis (den Kuppelring) ziehen sich auf goldenem Grund die Worte aus dem Matthäusevangelium: TU ES PETRUS ET SUPER HANC PETRAM AEDIFICABO ECCLESIAM MEAM ET TIBI DABO CLAVES REGNI CAELORUM. Zu deutsch: Du bist Petrus, der Fels (oder auch Felsenmann), und auf diesen Felsen will ich meine Kirche bauen, und ich will dir die Schlüssel des Himmelsreiches übergeben (das Wortspiel lässt sich nicht einfach wiedergeben; das griechisch-lateinische Wort petra = Fels spielt auf den Namen Petrus an). Weitere, das Hirtenamt Petri betreffende Worte winden sich auf dem tiefergelegenen Band durch die Basilika.

In den großen, dem Papstaltar zugewandten Nischen der Vierungspfeiler finden sich 5 m hohe Statuen. Im (vom Eingang aus) ersten rechten Pfeiler steht die des Longinus (4), eines römischen Soldaten, der dem gekreuzigten Christus die Seite mit der Lanze aufstieß und damit offiziell die Hinrichtung abschloss; er bekehrte sich bald darauf, ebenso wie der beaufsichtigende Zenturio, zum Christentum. In der Nische des ersten linken Pfeilers (5) findet sich die Statue des hl. Andreas (mit dem Andreaskreuz), in der des hinteren rechten Pfeilers (6) die der hl. Helena, der Mutter Konstantins, welche der Legende nach große Teile des Kreuzes aufgefunden hatte; die Nische des hinteren linken Pfeilers (7) enthält die Statue der Veronika mit dem Schweißtuch. Die Ausgestaltung der Pfeiler geht auf Bernini zurück (um 1630), der die Statue des Longinus selbst schuf, zudem die Balkone über den Nischen entwarf (sie enthalten übrigens noch Säulen aus der alten Basilika). Auf den Balkonen werden zu festlichen Anlässen die mit diesen Heiligen verbundenen Reliquien gezeigt, nämlich ein großes kreuzförmiges Reliquiar mit dem Holz des Kreuzes sowie die Lanze des Longinus. Der Schädel des Andreas wurde vor einiger Zeit der Kirche des hl. Andreas in Patras (Griechenland) von Paul VI. als ökumenisches Geschenk überlassen; das Schweißtuch der Veronika ist meines Wissens seit vielen Jahren verschwunden (s. Anmerkung 3).

In den Zwickeln, die die Vierungspfeiler mit dem Kuppelrund bilden, finden sich Rundbilder der vier Evangelisten: Lukas mit dem Stier, Matthäus mit dem Engel, Johannes mit dem Adler und schließlich Markus mit dem Löwen;

ihre Größe wird eindrucksvoll durch die Tatsache demonstriert, dass die Feder in der Hand des Markus etwa 1,5 m lang ist. Die Kuppel ist in 16 Segmente unterteilt, die auch von außen gut sichtbar sind. Den Tambour durchziehende Fenster, jeweils eines am Ende jedes Segments, geben dem Altarraum auffallende Helligkeit; nicht zuletzt dieser Lichteffekt ist es, der den Blick immer wieder auf Papstaltar und Baldachin lenkt. Über den Fenstern finden sich Portraits 16 heiliggesprochener Päpste, darüber Bilder von Christus, Maria, Paulus, Johannes dem Täufer und den zwölf Aposteln, noch weiter nach oben Darstellungen von Engeln (genauer vom Innern des Kuppelrundes zu sehen, s. 5. Rundgang). Die darüber liegende Laterne ist noch einmal 18 m hoch.

Der Papstaltar (8) (eigentlich Konfessions- oder Bekenntnisaltar), der optische Mittelpunkt der Kirche, steht leicht erhöht und besteht aus einem antiken Marmorblock aus dem Forum des Nero. Überragt wird er vom prächtigen Baldachin (manchmal auch als Tabernakel bezeichnet), den Bernini im Auftrag von Urban VIII. aus dem Adelshause Barberini zwischen 1624 und 1633 schuf. Er ist ganz aus Bronze, die wiederum von der Verkleidung des Vordachs des antiken Pantheons stammt (s. 13. Rundgang). Nicht nur deswegen ging in Rom lange der Satz um: „Quod non fecerunt barbari, fecerunt Barberini" (Was die Barbaren nicht geschafft haben, haben die Barberini geschafft). Die gedrehten Säulen stehen auf Sockeln mit dem Adelswappen der

Barberini (charakterisiert vor allem durch die Bienen). Der reiche Aufsatz zeigt stark geschwungenes Gebälk und Engelsfiguren und endet in einer Kugel mit dem Kreuz; der ganze Baldachin ist 29 m hoch, ebenso hoch wie der nicht gerade kleine Adelspalast der Farnese.

Unter und teilweise vor dem Papstaltar liegt die „Confessio“ (wörtlich: Bekenntnis), ein kryptaähnlicher Unterraum, der einen Teil der Vatikanischen Grotten bildet (s. nächster Rundgang). Gleichfalls so bezeichnete tiefergelegene Räume finden sich auch unter den Papstaltären von Santa Maria Maggiore, der Laterankirche und von St. Paul vor den Mauern; die Herkunft der Bezeichnung confessio als Teil des Kirchenraums scheint übrigens nicht geklärt. Die Confessio ist zum Altarraum durch eine Balustrade mit fast 100 Leuchtern abgrenzt, zwei Treppen führen nach unten. In ihr befindet sich das Grab des hl. Petrus, welches allerdings weder vom Altarraum noch von anderer Stelle zu sehen ist (s. nächster Rundgang).

Das Recht, Messen am Bekenntnisaltar zu lesen, steht allein dem Papst zu; solche Papstmessen in der Peterskirche sind selten und auf hohe kirchliche Feste beschränkt. Gleichwohl finden in Sankt Peter laufend Gottesdienste statt, teilweise von hohen geistlichen Würdenträgern zelebriert, so etwa im Altarraum um die Cathedra Petri und in der Kapelle des Allerheiligsten (auch Sakramentskapelle genannt) – Orte, die im Laufe des Rundgangs noch beschrieben werden.

Zunächst betreten wir jedoch das rechte Querschiff (9), einen riesigen, in seinen Ausmaßen durchaus an kleinere Dome heranreichenden Raum, in dem 1869/1870 vom Papst und etwa 700 Bischöfen das I. Vatikanische Konzil (Vatikanum I) abgehalten wurde.

VIII

Das I. Vatikanische Konzil und das Dogma von der Unfehlbarkeit des Papstes

Allgemeine oder ökumenische Konzile, Versammlungen von Papst und Bischöfen zur Klärung wichtiger kirchlicher Fragen, waren keineswegs selten (s. Stichwort: Allgemeines / ökumenisches Konzil, S. 45): Allein im 12. und 13. Jahrhundert hatten deren insgesamt sechs stattgefunden, im 16. Jahrhundert immerhin zwei (das V. Laterankonzil und das lange Konzil von Trient). Seitdem, also für mehr als drei Jahrhunderte, war kein allgemeines Konzil mehr abgehalten worden. Insofern war es mehr als überfällig, dass Pius IX. 1864 seinen Plan eines allgemeinen Konzils ankündigte und es für Dezember 1869 einberief.

Wichtigster zu behandelnder Punkt war die Unfehlbarkeit des Papstes (das Infallibilitätsdogma), also die Frage, ob eine von ihm förmlich (ex cathedra) verkündete Entscheidung über Angelegenheiten des Glaubens oder der Moral Gültigkeit auch ohne Zustimmung der Kirche, d. h. der Bischöfe, habe.

Die Angelegenheit hatte insofern eine Vorgeschichte, als Pius IX. bereits 1854 weitgehend eigenständig die unbefleckte Empfängnis Marias, also ihre Freiheit von der ansonsten jedem Menschen angeborenen Erbsünde, zu einem Dogma erklärt hatte. Allerdings war die Frage theologisch zu dieser Zeit wenig strittig, und der Papst hatte vor der eigentlichen Dogmatisierung schriftlich die Bischöfe der Welt um ihre diesbezügliche Meinung gefragt, wobei fast vollständige Zustimmung signalisiert wurde. Damit stellte sich aber naturgemäß die Frage der Gültigkeit einer alleinigen päpstlichen Entscheidung, wobei diese Frage nicht nur Pius selbst bejahte, sondern auch zahlreiche Bischöfe und einige konservative französische Kirchenhistoriker aus der einflussreichen Bewegung des Ultramontanismus. Verschiedene Bischöfe, gerade auch in Deutschland, waren jedoch Gegner dieser Auffassung; zudem trat ihr der Münchener Kirchenhistoriker Ignaz von Döllinger in mehreren sehr scharfen Schriften entschieden entgegen.

Unter diesen Bedingungen setzte Pius selbst die Diskussion darüber von der Konzilsordnung, änderte aber seine Meinung, als etwa 400 Bischöfe mit einer Unterschriftensammlung ihn nachdrücklich zur Behandlung aufforderten. So begannen im Mai 1870 die Beratungen über die päpstliche Unfehlbarkeit, die in teilweise sehr heftigem Ton geführt wurden und immerhin zur Formulierung gewisser Bedingungen führten, an welche die Unfehlbarkeit geknüpft wurde. Nachdem 55 Bischöfe, die eine andere Auffassung vertraten, mit Erlaubnis des Papstes vorzeitig abgereist waren, wurde am 18. Juli 1870 die Konstitution Pastor Aeternus, die unter anderem die Lehre von der Unfehlbarkeit des Papstes enthielt, mit 533 Ja- und 2 Nein-Stimmen angenommen. Die entsprechende Passage lautet verkürzt: „Wenn der römische Bischof in höchster Lehrgewalt (ex cathedra) … entscheidet, so besitzt er aufgrund des göttlichen Beistandes … jene Unfehlbarkeit, mit der der göttliche Erlöser seine Kirche bei endgültigen Entscheidungen in Glaubens- und Sittenlehren ausgerüstet haben wollte. Diese endgültigen Entscheidungen des römischen Bischofs sind daher aus sich und nicht aufgrund der Zustimmung der Kirche unabänderlich."

Es heißt, dass bei der Verlesung der Konstitution ein heftigstes Gewitter niederkam und der Himmel so dunkel wurde, dass man dem Vorlesenden mit Kerzen zusätzliches Licht verschaffen musste.

Dieses Unfehlbarkeitsdogma hat viele Diskussionen angefacht (s. auch Stichwort Pius IX. beim 10. Rundgang), unter anderem auch zur Abtrennung der Altkatholiken von der römisch-katholischen Kirche geführt; Döllinger, der diese Entwicklung zunächst stark vorangetrieben hatte, warnte später vor der Kirchenspaltung und trat der altkatholischen Kirche selbst nie bei. Tatsächlich hat das Unfehlbarkeitsdogma bis jetzt geringe praktische Bedeutung gehabt: Seither ist nur eine einzige Entscheidung eines Papstes ex cathedra getroffen worden, nämlich die über das Dogma der leiblichen

Aufnahme Marias in den Himmel durch Pius XII. im Jahre 1950.

Aufgrund des deutsch-französischen Krieges und des Einmarsches italienischer Truppen wurde übrigens das I. Vatikanum noch im Sommer 1870 unterbrochen und nie zu Ende geführt. Im Rahmen der Eröffnung des II. Vatikanischen Konzils 1962 erklärte Johannes XXIII. offiziell das I. Vatikanum für abgeschlossen.

Kunstschätze von besonderem Rang enthält das rechte Querschiff keine, sodass wir, den Pfeiler mit Helenastatue links lassend, weiter in Richtung Apsis gehen. Rechterhand sieht man das Grabmal Klemens' XIII. (1758-1769), dessen Figur von zwei Löwen, einem Todesengel und der das Kreuz haltenden Gestalt der Religion umgeben ist (10). Es gilt als eines der besten Werke von Antonio Canova, einer der herausragenden Gestalten des italienischen Klassizismus. In der anschließenden Michaelskapelle finden sich Mosaiknachbildungen berühmter Gemälde; die den Kapellenraum krönende Kuppel ist wie die der anderen drei lagemäßig entsprechenden Kapellen von außen nicht zu sehen.

Man verlässt den Raum nach links und steht nun direkt vor dem westlichsten Teil des Domes, einer großen Kapelle mit dem mächtigen Altar des Heiligen Stuhls (11). Dieses Werk Berninis zeigt einen in den Wolken schwebenden Thron, der wiederum einen hölzernen Stuhl einfasst, auf dem der Apostel Petrus gesessen haben soll (Cathedra Petri;

italienisch Cattedra). Seitlich stehen Statuen von vier Kirchenlehrern (Ambrosius und Augustinus für die Westkirche, Athanasius und Johannes Chrysostomus für die Ostkirche). Eine Strahlenglorie umfasst ein lichtdurchflutetes Alabasterfenster mit einer Taube als Symbol des Heiligen Geistes.

Am Altar der Cattedra finden häufig Messen hoher Würdenträger aus der Kurie statt. Rechts vom Altar steht das riesige Grabmal für Urban VIII., welches Bernini schon zu Lebzeiten des Papstes begonnen hatte und erst mehrere Jahre nach dessen Tod vollendete. In den Voluten des Sarkophags hockt der Tod und schreibt den Namen des Verstorbenen auf. Unter Urban VIII. wurden große Teile der Inneneinrichtung des Doms fertiggestellt, wobei Bernini unter anderem mit dem Baldachin, dem Cattedra-Altar sowie den Pfeilernischen und -balkonen zentrale Elemente nach seinen Vorstellungen gestaltete. Links des Altars ist das etwa 100 Jahre ältere Grabmal Pauls III. zu sehen, des Initiators des großen gegenreformatorischen Konzils von Trient. Die Ausführung von Gugliemo Della Porta basiert möglicherweise auf einem Entwurf Michelangelos; diesem werden auch von manchen Autoren die beiden liegenden Figuren zugeschrieben, die an die Mediceergräber in Florenz erinnern.

Weiter nach links gehend, gelangt man in die Cappella Colonna (12), wo einige bedeutende ältere Päpste (alle mit dem Namen Leo) beigesetzt sind: Leo I. war vor Rom den Hunnen entgegengetreten und hatte sie zum Abzug bewogen – diese Szene zeigt das Marmorrelief über seinem Grabaltar –; Leo III. hatte Karl den Großen zum Kaiser gekrönt (s. Stichwort: Die Kaiserkrönung Karls des Großen, S. 41); Leo IV. schließlich hatte zum Schutz gegen die Sarazenen Teile Roms westlich des Tibers inklusive des Gebiets um Sankt Peter von einer Mauer einschließen lassen und erweiterte damit das offizielle Stadtgebiet beträchtlich (so genannte „Leostadt").

Man geht nun vorbei an der Cattedra denselben Weg zurück, wendet sich am Ende (in der Kapelle mit den Mosaikbildern) nach rechts, gelangt zum schon beschriebenen Grabmal Klemens' XIII. und setzt den Rundgang mit nochmaligem Durchschreiten des Querschiffes in gleicher Richtung fort, bis man vorbei am Grabmal Benedikts XIV. die Cappella Gregoriana (13) erreicht, die auf Entwürfe Michelangelos zurückgeht; sie enthält unter anderem das große Grabdenkmal für Gregor XVI. (1831-1846). Im hinteren rechten Seitenschiff führt der Weg nun in Richtung Ausgang zurück. Bald gelangt man zum imposanten Grabmal für Gregor XIII. (1572-1585), welches erst etwa ein Jahrhundert nach Gregors Tod von einem Mailänder Bildhauer geschaffen wurde (14). Dieser Papst, der durchaus kirchenpolitisch von Bedeutung war (insbesondere für die Bewegung der Gegenreformation), ist vor allem durch seine Kalenderreform in die Geschichte eingegangen, die auch auf dem Relief des Sarges dargestellt ist.

IX

Der Gregorianische Kalender

Das astronomische Jahr, also die Zeit, welche die Erde braucht, um bei ihrem Umlauf um die Sonne wieder die Ausgangsstellung zu erreichen, beträgt genau 365,2422 Erdumdrehungen. Setzt man das Jahr mit 365 Tagen und einem alle vier Jahre eingeschobenen Schaltjahr (also mit 365,25 Tagen) an, wählt man es kalendarisch etwas zu lang. Im Laufe vieler Jahre entspricht der Sonnenstand damit nicht mehr der Kalenderanzeige. In den über 1600 Jahren seit der Julianischen Kalenderreform, die genau alle vier Jahre ein Schaltjahr vorsah, war das astronomische Jahr dem Kalenderjahr um immerhin zehn Tage vorausgeeilt. Damit hatte beispielsweise die Sonne am 21. Juni 1582 ihren Höchststand, den sie genau an diesem Tag haben sollte, bereits um mehr als eine Woche überschritten.

Papst Gregor XIII. ließ deshalb kurzerhand zehn Tage streichen: Auf den 4. Oktober 1582 folgte unmittelbar der 15. Oktober 1582. Damit waren die Folgen des alten Fehlers korrigiert; um nicht noch einmal eine solche Ungenauigkeit zu begehen, entschloss sich der Papst auf Anraten der Gelehrten, die vollen Jahrhunderte nur dann zu Schaltjahren zu erklären, wenn ihre ersten beiden Ziffern durch 4 teilbar sind: 1800 und 1900 waren also keine Schaltjahre, 1600 und 2000 hingegen wohl. Mit der Streichung der zehn Tage und der etwas geänderten Aufteilung der Schaltjahre wird erst in vielen Jahrhunderten eine sehr kleine Korrektur erforderlich sein, um das Kalenderjahr dem astronomischen Jahr anzugleichen.

Diese Gregorianische Kalenderreform haben die protestantischen Länder erst nach gewisser Zeit mitgemacht, sodass in Westeuropa zeitweise zwei unterschiedliche Kalender galten (und damit etwa je nach Land das Weihnachtsfest auf ganz verschiedene Tage fiel). Erst nach einigen Jahrzehnten des zwanzigsten Jahrhunderts führte man in Russland den Gregorianischen Kalender ein; deshalb wird die russische Revolution von 1917, die nach unserer Zeitrechnung in die ersten Novembertage fiel, noch heute als Oktoberrevolution bezeichnet.

Es folgt nun linkerhand die Kapelle des Heiligen Sakraments (15), eine der größten des Doms, in der häufig Messen gelesen werden und die deshalb schwer zu besichtigen ist. Der von Borromini entworfene Raum enthält als wertvollstes Objekt einen großen Tabernakel von Bernini. Diese sowie die diversen anderen Seitenkapellen zeigen den Einfluss des Baustils der Jesuiten, der innerhalb der großen Kirchen in sich abgeschlossene, jederzeit für Gottesdienste verfügbare Räume vorsah (siehe dazu die erste Jesuitenkirche Il Gesù bei Rundgang 13; S. 231f.). Die vom Papst gewünschte Schaffung solcher Kirchenräume machte es für Maderna, den letzten der vielen Architekten am äußeren Grundriss des Petersdoms, erforderlich, das Längsschiff gegenüber den ursprünglich vorgesehenen Maßen erheblich zu verbreitern, woraus nicht zuletzt die mehrfach angemerkte, vor allem an der Fassade auffällige Disproportionalität resultiert.

In Richtung Ausgang ist als nächstes rechterhand das Grabmal der Mathilde von Tuszien (16) zu sehen, deren Güter nach ihrem Tod zum großen Teil in päpstlichen Besitz übergingen und zur Vergrößerung des Kirchenstaates erheblich beitrugen. Mathilde ist vor allem bekannt als Besitzerin der Burg Canossa und für ihre Vermittlung im Konflikt zwischen Kaiser Heinrich IV. und Papst Gregor VII. Das Relief am Grabmal, eine Arbeit aus dem 17. Jahrhundert, stellt Heinrichs Niederwerfung vor dem Papst in Canossa dar.

Die anschließende Sebastianskapelle (17, Cappella di San Sebastiano) enthält ein Denkmal für Pius XI. (unter dem die Lateranverträge abgeschlossen wurden) und eine Bronzestatue seines Nachfolgers, des bis in die heutige Zeit von vielen Seiten hochverehrten, von anderen wiederum wegen seiner Politik gegenüber Hitler-Deutschland sehr angegriffenen Pius' XII. (1939-1958). Es folgt eine Statue Leos XII. sowie ein Denkmal für Christine von Schweden (18), der Tochter von König Gustav Adolf, welcher auf Seiten der protestantischen Heere wesentlichen Einfluss auf den Verlauf des Dreißigjährigen Krieges nahm. Christine schwor in

Innsbruck feierlich dem Protestantismus ab und verzichtete damit auf den schwedischen Thron (Szene auf dem Relief des Monuments); sie ist eine der wenigen Frauen, die in den Grotten der Peterskirche beigesetzt wurden.

Die nun folgende Cappella della Pietà (19) enthält das sicher bekannteste Werk des gesamten Doms, Michelangelos Pietà. Die Skulptur ist durch eine Glaswand geschützt, nachdem vor einigen Jahren jemand versucht hatte, sie mit einem Hammer zu zertrümmern; bevor er überwältigt werden konnte, hatte er bereits einigen Schaden angerichtet, der erfreulicherweise jedoch nach den Ausbesserungsarbeiten nicht mehr zu sehen ist. Die Skulptur ist ein Frühwerk Michelangelos und stammt aus der Zeit zwischen 1498 und 1500 (s. auch Stichwort: Michelangelo und Raffael in Diensten der Päpste, S. 99). Am auffälligsten ist das jugendliche Gesicht der Muttergottes, die damals eine Frau von etwa 50 Jahren gewesen sein muss. Man sagt, der Bildhauer habe es nach der Erinnerung an seine eigene Mutter gestaltet, die starb, als er erst fünf Jahre alt war.

Der Rundgang wird nun im gegenüberliegenden (linken) Seitenschiff fortgesetzt; bei der Durchquerung des Hauptschiffes ist es reizvoll, noch einmal auf den Baldachin und die dahinter stehende Cattedra zu blicken und das bemerkenswerte Lichtspiel zu beachten; es ist am eindrucksvollsten in den späten Nachmittagsstunden, wenn die Sonnenstrahlen vom Westen direkt auf das Alabasterfenster über dem Cattedraaltar treffen.

Die erste Kapelle links (20) ist das Battisterio (die Taufkapelle); das Taufbecken ist aus einem antiken Sarkophag geformt. Es folgt rechterhand das Denkmal der letzten Stuarts (21), jener schottischen und auch englischen Kronprätendenten, die wegen ihres katholischen Bekenntnisses von der Anwartschaft auf den Thron ausgeschlossen wurden. Es handelt sich um James III. (lateinisch Iacobus III.), den Sohn des letzten englischen Stuartkönigs James II. (der nach nur vier Regierungsjahren abgesetzt wurde) sowie um zwei Söhne James' III. Das stelenförmige, sehr antik anmutende Denkmal stammt von Antonio Canova. Gegenüber (22) ist das Denkmal für Maria Sobieski, der Frau von James III. Die darunter befindliche Tür führt zum Fahrstuhl auf die Kuppel (s. 5. Rundgang).

In der anschließenden Kapelle (23) befindet sich ein Altar mit einem Relief, welches Johannes XXIII. zeigt, sowie die Figur Benedikts XV. Dieser relativ unbekannte Papst hatte während seines Pontifikats von 1914-1922 die schwierige Aufgabe, im Ersten Weltkrieg keine der Seiten eindeutig zu favorisieren. Es ist hier deutlich zu ersehen, dass die in den Grabmälern dargestellten Särge (wenigstens fast immer) leer sind: Den eigentlichen Sarkophag mit den sterblichen Überresten Benedikts sieht man beim anschließenden Rundgang durch die Vatikanischen Grotten. Beim Weitergehen stößt man auf das Grabmal für den 1914 gestorbenen Pius X. und gegenüber auf eine eindrucksvolle sitzende, in Bronze gegossene Papstfigur (24). Sie stammt von dem berühmten Bildhauer Pollaiuolo und stellt Innozenz VIII. (1484-1492) dar; das Grabmal wurde aus der konstantinischen Basilika in die Peterskirche übernommen.

Es folgt eine der sehr großen, häufig für Gottesdienste genutzten Kapellen, deren Besichtigung somit schwierig und im Übrigen angesichts der sonstigen Kostbarkeiten im Dom auch nicht unbedingt nötig ist. Übrigens hat jeder katholische Priester das Recht, einmal in seinem Leben eine Messe in Sankt Peter zu feiern, sodass zuweilen ziemlicher Andrang herrscht und kaum genügend Ministranten zur Verfügung stehen.

Nach Passieren von zwei Grabmälern (Leo XI. und Innonenz XI., beides Arbeiten aus dem 17. Jahrhundert) verlässt man den hinteren Teil des linken Seitenschiffes, gelangt vor den linken vorderen Stützpfeiler und wendet sich nach links in die Cappella Clementina (25). Hier sind zu erwähnen das Grab Gregors des Großen (590-604) unter dem Altar sowie das Grabmal Pius' VII., ein Werk des dänischen Bildhauers Thorvaldsen, jenes zusammen mit Canova wichtigsten Repräsentanten des römischen Klassizismus. Thorvaldsen soll der einzige Nichtkatholik gewesen sein, der bis dahin für die Peterskirche gearbeitet hatte. Gesicht und Gestalt des Papstes machen bei aller Würde einen müden und kränklichen Eindruck.

X

Pius VII. und Napoleon

Der ungewöhnlich lange Pontifikat des adligen Benediktinermönchs war durch körperliche Leiden und schwere Demütigungen geprägt. Napoleon verkleinerte im Rahmen seiner italienischen Eroberungen den Kirchenstaat, nötigte Pius ein sehr unvorteilhaftes Konkordat ab und orderte ihn schließlich nach Paris, wo der Papst ihn zwar salben, aber nicht zum Kaiser krönen durfte; ein berühmtes Bild von Jacques Louis David im Pariser Louvre zeigt Pius VII. hilflos segnend, während Napoleon seiner eigenen Frau Josephine die Krone aufsetzt. Einige Jahre später wurde mit der erneuten Besetzung Roms durch Napoleon das Ende der päpstlichen Herrschaft verkündet, der Papst in Fontainebleau bei Paris interniert. Immerhin blieb Pius VII. das Schicksal seines Vorgängers Pius VI. erspart, im Exil sterben zu müssen (s. 4. Rundgang). Nach Napoleons Niederlage bei Waterloo bekam der Papst seine Gebiete, die ihm der Kaiser schon zuvor wieder überlassen hatte, endgültig zurück.

In Richtung Apsis folgt links, unter dem Grabmal Pius' VIII. der Eingang in die große Sakristei, die nur zu einem Teil der Öffentlichkeit zugänglich ist und auch ein Museum enthält. Das Gebäude wurde erst sehr viel später, nämlich in den Jahren 1776-1784, unter dem Pontifikat Pius' VI. dem Petersdom angefügt, wofür einige ältere Gebäude beseitigt werden mussten. Der Gang lohnt, um die Architektur von Sankt Peter auch von der Seite genauer zu studieren; die Besichtigung kann (mit der eventuellen Ausnahme des Museums) schnell erfolgen.

Zurück im Petersdom gelangt man anschließend in das linke Querschiff, dessen abgegrenzter Teil wieder gottesdienstliche Zwecke zu erfüllen hat und sich für die Besichtigung nicht eignet. Im anschließenden Durchgang ist noch das Grabmal Alexanders VII. (1655-1667) zu erwähnen (26), der Bernini den Auftrag zur Gestaltung des Petersplatzes mit den Kolonnaden gab. Das bemerkenswerte Denkmal mit den allegorischen Figuren und der unter dem Tuch hervorschauenden Gestalt des Todes stammt ebenfalls von Bernini (unter Mitarbeit seiner Schüler).

Wir sind nun wieder in der Kapelle mit den Gräbern der Leo-Päpste angelangt und haben damit den Rundgang beendet. Es empfiehlt sich nun noch der vergleichsweise kurze Gang durch die Grotten des Vatikans, der nahebei, nämlich am Andreaspfeiler, beginnt. Es ist sicher nicht unbedingt von Schaden, sich zuvor auf einem der Stühle vor der Cathedra Petri etwas auszuruhen; in den Grotten ist dazu keine Gelegenheit.

4. Rundgang: Die Grotten des Vatikans

Dieser Rundgang beginnt am Andreaspfeiler und endet außerhalb des Petersdoms. Ist man die Treppen hinabgestiegen, so befindet man sich auf dem Niveau der alten konstantinischen Basilika. Der Neubau von Sankt Peter war höher angelegt worden, sicher auch, um nicht die alten Grabstätten versetzen zu müssen. Der riesige Hohlraum zwischen den Ebenen der alten und der neuen Basilika bildet die Vatikanischen Grotten. Nur der um das Petrusgrab gelegene Teil, die Neuen Grotten, ist für Besucher allgemein zugänglich; um den weitaus größeren, in Richtung Petersplatz gelegenen Teil besichtigen zu können, bedarf es einer besonderen, lange im voraus zu beantragenden Erlaubnis.

In den Grotten des Vatikans sind keineswegs nur Päpste bestattet; auch verschiedene Adlige und gekrönte Häupter liegen dort: So hat Kaiser Otto II. (gestorben 983) hier seine letzte Ruhestätte gefunden, weiter Christine von Schweden, die Tochter Gustav Adolfs, welche dem Protestantismus feierlich abschwor und damit auf den Thronanspruch verzichtete (s. 3. Rundgang); außerdem liegen hier die letzten männlichen Personen aus dem englischen Herrschergeschlecht der Stuarts begraben. Andererseits sind keineswegs alle Päpste in den Vatikanischen Grotten beigesetzt; von den 264 verstorbenen rechtmäßigen Päpsten – der jetzige Papst Benedikt XVI. ist nach einer der verschiedenen Zählungen der 265. – sind es etwas mehr als die Hälfte; eine Tafel am Zugang zur Sakristei listet die in St. Peter begrabenen Päpste auf und kommt auf eine Zahl von 150. Viele Päpste sind in anderen Kirchen Roms bestattet, häufig im Lateran (zuletzt der 1903 verstorbene Leo XIII.) oder in Santa Maria Maggiore (so Sixtus V. und Paul V., zwei Päpste, auf die nicht unwesentlich die Gestaltung des Petersdoms und des Petersplatzes zurückgeht, die aber für ihre Ruhestätte diese wichtigste Marienkirche Roms wählten); andere Papstgräber befinden sich zwar in Rom, aber nicht in den Papstbasiliken (etwa die der Medicipäpste Leo X. und Klemens VII. in Santa Maria sopra Minerva). Einige Päpste haben sich weit entfernt von ihrem Hauptwirkungsort begraben lassen, beispielsweise Gregor VII., der Widersacher Kaiser Heinrichs IV., in Salerno. Auch außerhalb Italiens befinden sich Papstgräber; das einzige nördlich der Alpen ist das von Klemens II. (1046-1047) im Dom zu Bamberg. Beginnend mit Pius X. (gestorben 1914) haben jedoch die letzten sieben Päpste in den Grüften von Sankt Peter ihre letzte Ruhestätte gefunden.

XI

Wenn ein Papst stirbt

Seit Pius VI., der im Exil in Valence den Tod fand (s. unten zum Grabdenkmal dieses unglücklichen Papstes), sind alle Päpste auf dem Gebiet des Vatikanstaates gestorben – Pius XII. und Paul VI. zwar nicht im Vatikan selbst, sondern im päpstlichen Sitz Castel Gandolfo. Das Sterben der Päpste kommt in aller Regel nicht unerwartet, sondern ist vom teilnehmenden Interesse der Öffentlichkeit begleitet und geschieht in der Anwesenheit wichtiger Würdenträger der katholischen Kirche. Nach dem Tod findet ein uraltes Zeremoniell statt, welches freilich nicht obligatorisch ist – so soll es nach gut bezeugten Berichten beim Tod Pius' XII. nicht durchgeführt worden sein – und auch in Details verschieden wiedergegeben wird. Nach der am häufigsten geschilderten Variante tritt der Kardinalkämmerer (Camerlengo) an das Totenbett, klopft dem Verstorbenen mit einem goldenen Hammer auf die Stirn und fragt, den Toten mit dem Taufnamen anredend, auf Lateinisch: „Schläfst du" (z. B. beim Tod von Johannes Paul I.: „Albine, dormisne?"). Dieser Vorgang wiederholt sich noch zweimal; dann ruft der Camerlengo aus: „Vere, sanctus pater mortuus est" (Wahrlich, der Heilige Vater ist tot). Nach anderen Berichten wird der tote Papst mit dem Nachnamen angerufen (hier: Luciani) oder ist der Hammer nicht golden, sondern silbern.

Mit dem offiziellen Tod des Papstes beginnt die Sedisvakanz, die Verwaisung des Heiligen Stuhls; in dieser Zeit übernimmt der Camerlengo die Leitung der katholischen Kirche, sorgt für die Einhaltung der Bestattungsriten und für die ordnungsgemäße Einberufung des Konklave (s. dazu das Stichwort: Die Papstwahl). Die Exequien, die Bestattungsfeierlichkeiten, erfolgen nach alten Regeln, die aber im Zeitalter der Medien durchaus geändert werden können: So wird die einbalsamierte Leiche des Papstes nicht mehr, wie früher üblich, in der Sakramentskapelle (s. 3. Rundgang) offen aufgebahrt, sondern an einem zugänglicheren Ort der Basilika; zudem findet die Totenmesse heute, wie seinerzeit die Inthronisation, im Freien, vor der Peterskirche statt.

Nach Durchschreiten eines Korridors gelangt man in einen bogenförmig verlaufenden Gang, von dem nach links Grabkapellen abgehen (Anmerkung 4). Eine der ersten (gegenüber dem Altar in der Confessio) enthält das Grab Pius' XII. (1939-1958), für viele eine Stätte großer Verehrung. Rechts hinter dem Gitter findet sich eine Spendenbüchse mit der Aufschrift „Pro causa“. Durch eine Spende kann man hier den langwierigen (und kostspieligen) Prozess der Selig- und Heiligsprechung dieses Papstes unterstützen. Es folgen einige Kapellen, unter anderem eine mit dem Sarkophag von Johannes XXIII. (1958-1963), dem Papst des II. Vatikanischen Konzils, schließlich eine weitere, wo unter einer Platte der Leichnam von Paul VI. ruht (1963-1978); unter diesem Papst wurde das Konzil abgeschlossen.

Weiter sieht man unter anderem die Sarkophage mit den Überresten von Benedikt XV. (1914-1922) und Johannes Paul I. (1978). Als dieser Papst nach einem Pontifikat von nur 33 Tagen starb, wurde publizistisch äußerst geschickt und wirksam in die Welt gesetzt, er sei von kriminellen Elementen innerhalb des Vatikans ermordet worden, weil er gewissen Machenschaften ein Ende bereiten und ranghohe Personen aus ihren Ämtern entfernen wollte. Abgesehen davon, dass der Autor dieser Verschwörungstheorie, David Yallop, seine kühne These auch nicht annähernd überzeugend stützen kann, suggeriert er der Leserschaft, Johannes Paul I. sei ein völlig gesunder Mann gewesen; tatsächlich hatte dieser bereits vor seiner Wahl große gesundheitliche Probleme gehabt und in den letzten Tagen vor seinem Tod über Herzbeschwerden geklagt.

Gegenüber steht der antike Sarkophag mit den Überresten von Marcellus II., dessen Pontifikat nur 21 Tage dauerte (gestorben 1555). Für ihn schrieb Palestrina seine berühmte Missa Papae Marcelli. Man gelangt an weiteren Sarkophagen vorbei, unter anderem dem der erwähnten Christine von Schweden. Bemerkenswert auf dem weiteren Rundgang ist linkerhand die Statue von Pius VI., die bis vor wenigen Jahren noch in der Confessio aufgestellt war, dann aber an diesen weniger auffälligen Ort gebracht wurde. Von fast allen Papststatuen unterscheidet sie sich dadurch, dass jedes Element des Triumphes fehlt, beispielsweise die Tiara abgelegt ist. Dargestellt ist vor allem ein verzweifelt flehender alter Mann, und eigenartig anrührend ist das in ebenso großen Lettern wie der Papstname geschriebene „Orate pro eo“ (betet für ihn). Die Statue für den im französischen Valence 1799 unter elenden Bedingungen in Gefangenschaft gestorbenen und erst zwei Jahre später nach Rom überführten Papst ist ein Alterswerk von Antonio Canova.

Im Laufe des Rundgangs blickt man durch einen verglasten Bogen auf eine geöffnete Tür, hinter der ein Christusmosaik und ein Altar zu sehen sind. In der Truhe auf diesem Altar befinden sich die Pallien, Umhänge aus der Wolle geweihter Lämmer, die der Papst neu ernannten Erzbischöfen überreicht. Diese Palliennische bildet einen Teil der Confessio, des Raums unter dem Papstaltar und dem Baldachin. Die Ausstattung der Palliennische geht im Wesentlichen auf das 17. und 18. Jahrhundert zurück. Dahinter findet sich, nicht sichtbar, ein Hohlraum und darunter ein kleiner aus konstantinischer Zeit stammender Gedenkaltar („Memoria“), über dem die Papstaltäre errichtet wurden; der jetzige stammt aus der Zeit Klemens VIII. (1592-1605) und steht auf zwei älteren aus dem 6. und 12. Jahrhundert. Es gibt gute Argumente dafür, dass unter oder in dieser Memoria das Grab des Apostels Petrus liegt.

XII

Das Petrusgrab

Der Vatikanische Hügel war in römischer Zeit mit großer Sicherheit ein ausgedehntes Grabgelände, das bis an den Tiber gereicht haben dürfte; die am Tiberufer gelegene Engelsburg, das Mausoleum des Hadrian, befand sich vermutlich ebenfalls auf diesem Gebiet. Direkt neben oder sogar innerhalb dieses Friedhofes lag, für heutige Vorstellungen etwas befremdend, der Zirkus des Nero, in dem neben anderen Christen auch Petrus den Tod fand (vermutlich im Jahre 64 oder 67). Recht wahrscheinlich ist auch, dass der Leichnam im nahe gelegenen Friedhof beigesetzt wurde.

Als Konstantin über diesem Grab erst die kleine Gedenkstätte und dann seine riesige Basilika baute, musste er Teile des hügeligen Geländes einebnen, also Erde mit Gräbern einerseits abtragen, andererseits Aufschüttungen vornehmen; auf diese Weise wurden einige Straßen und Mausoleen mit Erdreich gefüllt und damit ausgezeichnet konserviert.

Die hier beschriebenen Sachverhalte waren für lange Zeit in Vergessenheit geraten und können erst heute wieder anhand der Funde bei den Ausgrabungen unter der Peterskirche rekonstruiert bzw. bestätigt werden. Als man bei der Suche nach einer Grabstelle für Pius XI. (1922-1939) auf Teile der alten römischen Totenstadt unter den Vatikanischen Grotten stieß, wurden dort auf Veranlassung von Pius XII. ausgedehnte Grabungen vorgenommen. Mittlerweile hat man zahlreiche Mausoleen und Straßenzüge freigelegt mit teils heidnischen, teils christlichen Gräbern, die fast das gesamte Areal unter der Basilika einnehmen. Interessanterweise mehren sich, je näher man den Gräbern unter dem Papstaltar kommt, die christlichen Symbole, sodass man schloss, besonders hier hätten die ältesten Christen sich mit Vorliebe begraben lassen. Eine Inschrift an einer dieser Wände, die man als Petros eni (hier ist Petrus) lesen kann, gibt ein weiteres Indiz für die Nähe des Apostelgrabes ab. In einem relativ großen, von einer Mauer umgebenen freien Hof wird das eigentliche Grab vermutet und zwar in oder unter einer Nische der Mauer. Man rekonstruiert, dass Konstantin die Gebeine umbetten ließ und in der erwähnten Memoria unterbrachte, über der sich nun die Papstaltäre erheben. Die in diesem Bereich gefundenen Gebeine könnten tatsächlich von einem im 1. Jahrhundert verstorbenen Mann stammen.

Zu besichtigen ist diese präkonstantinische Nekropole gleichfalls nur auf besonderen Antrag.

Am Ende der Besichtigung hat man von den sich bis zum Eingang hinziehenden Grotten gerade jenen kleinen

Teil besichtigt, der etwa dem Bereich unter der Kuppel entspricht, von dem daruntergelegenen Gräberfeld gar nichts.

5. Rundgang: Auf die Kuppel des Petersdoms

Diese Tour sollte man, wenn möglich, wenigstens zum Teil machen. Auch wer nicht auf die Kuppelspitze zum Umgang der Laterne steigt, kann mit dem Fahrstuhl bequem auf die Terrasse fahren, um über Petersplatz und einige Gebäude des Vatikanstaates zu blicken; hinzu kommt der äußerst lohnende Ausblick auf den Innenraum des Doms vom Kuppelrund. Man fährt also mit dem Fahrstuhl nach oben – Aufstieg zu Fuß ist geringfügig preiswerter; wegen der üblicherweise recht langen Wartezeit und des lohnenden längeren Aufenthaltes auf Terrasse und Laterne sind dafür sicherheitshalber 1-2 Stunden einzuplanen (Anmerkung 5).

Oben auf Höhe der Terrasse und der vom Petersplatz gut sichtbaren Balustrade mit den riesigen Figuren angekommen, wird noch einmal die Größe der Anlage deutlich bewusst. In dieser kleinen Stadt befinden sich unter anderem eine Buch- und Andenkenhandlung sowie Toiletten. Von dort bietet sich ein eindrucksvoller Blick auf Petersplatz und anschließende Gebäude; hier lässt sich auch die Gesamtheit der vom Petersplatz aus teilweise verdeckten Kuppel sehen. An der Basis ist zunächst der Tambour zu erkennen, dem unter anderem im Inneren das Kuppelrund mit den Worten aus dem Matthäusevangelium entspricht, darüber die Kuppelaußenseite mit den 16 Vertikalsegmenten, die entsprechend auch die Innenseite gliedern. Die Kuppel ist eigentlich eine Doppelkuppel: eine gemauerte Kuppel im Inneren sowie eine aus Bronze und Blei gegossene äußere Hülle. Im dazwischenliegenden Raum verläuft der Aufstieg.

Entworfen wurde die Kuppel von Michelangelo, der sich dabei an die wesentlich ältere Kuppel des Brunelleschi im Dom von Florenz anlehnte. Beim Tode Michelangelos (1564) war gerade der Tambour errichtet; seine Nachfolger bauten sie nach den hinterlassenen Modellen im Wesentlichen getreu weiter; fertiggestellt war sie 1590.

Über eine äußere Treppe gelangt man zum oberen Rand des Tambours und ins Kircheninnere, wo das Kuppelrund etwa zur Hälfte umwandert werden kann; der Weg ist ausgezeichnet gesichert und an keiner Stelle gefährlich. Von etwa 50 m Höhe sind noch deutlicher als von unten die ungeheueren Ausmaße der Basilika zu erkennen. Neben zahlreichen schon im 3. Rundgang beschriebenen Einzelheiten (Baldachin, Confessio, Cattedra) betrachte man vor allem die Mosaiken der Evangelisten in den Zwickeln und die von unten nur schwer erkennbaren Details des Kuppelinneren.

Nun rüste, wer will, sich zum Aufstieg. Die Höhendifferenz beträgt ungefähr 70 m, die auf gut 300 Stufen überwunden werden. Körperlich einigermaßen leistungsfähige Personen können dies ohne Probleme auch in höherem Alter schaffen; wer allerdings zuhause beim Treppensteigen rasch in Atemnot gerät oder gar Herzbeschwerden verspürt, sollte von dem Unternehmen lieber absehen. Zu beachten ist, dass Einbahnverkehr herrscht; einmal eingestiegen, kann man nicht auf halbem Weg umkehren. Normale Trittsicherheit genügt; Personen mit Sehproblemen oder Schwierigkeiten, die Schritte richtig zu setzen, werden jedoch beim Abstieg Probleme haben. Dieser geschieht in einer recht steilen Wendeltreppe, was manche abschrecken könnte; man achte auch auf geeignetes Schuhwerk und sonstige Bekleidung.

Am Ende des Aufstiegs bietet sich von der Laterne nicht nur (witterungsabhängig) ein weiter Blick über Rom (zeitweise sogar bis zum Meer), sondern vor allem auf Petersplatz und die Gebäude auf dem Gelände des Vatikanstaates. Abgesehen von den drei extraterritorialen Basiliken Santa Maria Maggiore, San Paolo fuori le Mura, San Giovanni in Laterano (inklusive Lateranpalast), einigen Gebäuden für Institutionen außerhalb der Vatikanstadt sowie der päpstlichen Sommerresidenz Castel Gandolfo ist dies auch schon alles vom Vatikanstaat, der als Kirchenstaat einst nicht nur ganz Rom, sondern zeitweise etwa ein Fünftel von Festlandsitalien umfasst hatte.

XIII

Der alte Kirchenstaat und der heutige Vatikanstaat

Die Grundlagen des Kirchenstaates wurden mit Kaiser Konstantins Mailänder Toleranzedikt (313) gelegt, durch das die römische Kirche unter anderem Recht auf eigenen Besitz erhielt. Dieser bildete sich rasch durch großzügige Schenkungen, blieb zunächst aber im Wesentlichen auf Ländereien um Rom beschränkt, die politisch dem Kaiser in Konstantinopel unterstanden (das eigentliche „Patrimonium beati Petri"). Erst durch die Pippinsche Schenkung Mitte des 8. Jahrhundert vergrößerte sich dieses Gebiet beträchtlich. Der Karolinger Pippin der Jüngere war in seinen Ambitionen auf den fränkischen Königsthron nachdrücklich von Papst Stefan II. unterstützt worden und revanchierte sich nicht nur dadurch, dass er die römische Kirche mit ihren Besitztümern gegen die Langobarden schützte: Nach deren Niederwerfung vermachte er große Gebiete des Langobardenreiches „Sankt Peter und der römischen Kirche". Karl der Große, Pippins Sohn, bestätigte noch einmal diese Schenkung und begründete den Kirchenstaat als vom ein oströmischen Kaiser unabhängiges Staatsgebilde, zu dessen Schutz sich Karl – mittlerweile König der Langobarden – persönlich verpflichtete. Nicht zuletzt als Dank dafür krönte ihn Leo III. im Jahre 800 zum Kaiser (s. dazu Stichwort: Die Kaiserkrönung Karls des Großen).

Dieser Kirchenstaat nahm in Zeiten größter Ausdehnung neben Rom einen gut 100 km breiten Streifen quer durch den italienischen Stiefel vom Tyrrhenischen Meer zur Adria ein und umfasste u. a. die Städte Bologna, Ferrara und das Gebiet um Ravenna. Das Gebilde blieb bei wechselnder Ausdehnung in seinem Kern über 1000 Jahre erhalten, verlor aber Mitte des 19. Jahrhunderts beträchtlich an Größe, bis Garibaldi 1870 schließlich auch Rom selbst und die umliegenden Gebiete einnahm. Der rechtliche Status des der römischen Kirche verbliebenen Besitzes wurde erst durch die Lateranverträge von 1929 verbindlich festgelegt (s. Stichwort: Lateranverträge).

Der heutige Vatikanstaat (offiziell: Stato della Città del Vaticano = Staat der Vatikanstadt) umfasst neben Petersplatz und Peterskirche das von den Vatikanischen Mauern eingeschlossene Gebiet sowie einige extraterritoriale Besitzungen; dazu gehören erwähntermaßen – neben einigen Gebäuden in der Stadt – die Basiliken San Giovanni in Laterano mit dem Lateranpalast, Santa Maria Maggiore und San Paolo fuori le Mura (s. Stichwort Patriarchalbasiliken), außerdem die Sommerresidenz Castel Gandolfo. Herrscher über dieses Gebiet ist der Papst, in dessen umfangreichem Titel auch diese Eigenschaft genannt wird: „Souverän des Staates der Vatikanstadt". Das Territorium um Sankt Peter beträgt circa einen halben Quadratkilometer und beherbergt etwa 1000 Einwohner, die zugleich häufig Angestellte des Staates sind (die meisten der Angestellten leben aber außerhalb des Vatikanstaates und sind großteils Bürger anderer Nationen, vornehmlich natürlich Italiens).

Dies wirft die Frage nach den Einnahmen eines Staates auf, der nicht aus Steuern seiner Bürger finanziert wird. Sie kommen nicht, wie man meinen könnte, aus den Kirchensteuern einzelner Länder, sondern aus dem so genannten Peterspfennig, einer in den Kirchen der ganzen Welt eingesammelten Spende, anderen Schenkungen, Einnahmen etwa durch Briefmarkenverkauf und aus den Eintrittsgebühren der Museen, weiter vermutlich nicht zuletzt aus Übertragungsrechten der großen kirchlichen Ereignisse auf dem Staatsgebiet. Weiter besitzt der Vatikanstaat Immobilien- und anderes Vermögen, welches gewisse Erträge abwirft.

Die rechtliche Situation auf dem Gebiet des Vatikanstaates ist kompliziert; obwohl der Vatikanstaat auch seine weltliche Gerichtsbarkeit hat, wird letztere im Wesentlichen durch den italienischen Staat wahrgenommen: So wurde der Attentatsversuch von Ali Agca an Johannes Paul II. auf dem Petersplatz vor einem römischen Gericht verhandelt.

Auf der Seite zum Petersplatz sieht man nicht nur diesen selbst sehr eindrucksvoll, sondern auch die Via della Conciliazione, Engelsburg, Tiber und Engelsbrücke; zudem erkennt man Teile der Mauer, die Vatikan mit Engelsburg verbindet (s. 1. Rundgang). Weiter ist gut das Denkmal für Vittorio Emanuele II. an der Piazza Venezia zu sehen, daneben rechts direkt anschließend der Kapitolhügel und dahinter ziemlich versteckt das Kolosseum. In dieser Richtung weiterblickend lassen sich mit gutem Auge oder Fernglas Laterankirche und Lateranpalast erkennen; deutlicher zu sehen ist weiter links Santa Maria Maggiore mit dem großen Campanile. Noch weiter links lässt sich gut die Kirche Trinità dei Monti ausmachen; im Dächergewirr davor identifizieren Kenner unter anderem die Kuppel des Pantheon und die Türme von Sant' Agnese an der Piazza Navona (s. 13. Rundgang). Der rechterhand des Petersplatzes etwa parallel zum Tiber verlaufende grüne Hügel ist der Gianiculo, hinter dem das Viertel Trastevere („Jenseits des Tibers") liegt.

Beim Blick auf die nähere Umgebung, ist links, an die Piazza Retta anschließend (also an deren rechter Seite), der mächtige Vatikanpalast zu erkennen. Obwohl die Päpste bis zur Rückkehr aus dem Exil in Avignon (Ende des 14. Jahrhunderts) im Lateran residierten (s. Stichwort Lateranbasilika und Petersdom: eine Gegenüberstellung), gab es hier schon bis in den Pontifikat Nikolaus' III. (1277-1280) zurückreichende päpstliche Wohnanlagen; um 1450 wurde mit dem Bau des Palastes begonnen, der durch die verschiedenen, nie einheitlich geplanten Baumaßnahmen einen recht unübersichtlichen Eindruck bietet.

Die Gebäude, die unmittelbar an Piazza Retta und Kolonnaden anschließen, gehen im Wesentlichen auf das 15. und 16. Jahrhundert zurück; im vom Petersdom am weitesten abgelegenen Teil des riesigen Komplexes (hinter dem grünen Dach) befinden sich im obersten Stockwerk die Privatgemächer des Papstes, von denen er auch seinen sonntäglichen Angelussegen erteilt. Vom Vatikanpalast ausgehend verlaufen nach hinten langgestreckte Gebäude mit zwei länglichen und einem mittleren kurzen Innenhof. Im dem Petersdom nähergelegenen Teil, um den Cortile del Belvedere, liegt die Vatikanische Bibliothek und das Geheimarchiv, die beide bemerkenswerte historische Dokumente enthalten: etwa die seit einiger Zeit veröffentlichten Prozessakten gegen Galileo Galilei, die Protokolle der Verhandlung gegen den schließlich als Ketzer verbrannten Giordano Bruno, Dokumente und Korrespondenz vieler Jahrhunderte, daneben aber auch Schätze, die nicht unmittelbar mit dem Kirchenstaat und seinen Angelegenheiten zu tun haben, so Teile der Qumranrollen oder den Codex Vaticanus, der unter anderem eine der ältesten Abschriften des Neuen Testaments enthält (vermutlich aus der Mitte des 4. Jahrhunderts). Die Vielzahl der Schätze begründet sich zum einen in der langen Geschichte der römischen Kirche und ihrer zentralen Verwaltung, zum anderen in ihrer ungeheueren Verbreitung, sodass kaum ein Ort der Welt existiert, wo nicht ein Repräsentant von ihr nahe ist. Der Zugang zur eigentlichen Bibliothek (nicht der beim Museumsrundgang zu besichtigenden Schauräume) ist nur nach besonderer Erlaubnis gestattet.

Zwischen Peterskirche und Cortile del Belvedere, parallel zum Längsschiff des Doms, sieht man das Dach der mit den Fresken Michelangelos geschmückten Sixtinischen Kapelle, in der die Papstwahl stattfindet (s. 6. Rundgang). Der an den Cortile del Belvedere anschließende rechteckige, begrünte Cortile della Pigna (Pinienhof) mit der modernen goldenen Kugel gehört zum Bereich der Vatikanischen Museen (s. 6. Rundgang).

Gegen den Uhrzeigersinn um die Laterne herumgehend, sieht man im Wesentlichen ausgedehnte Grünanlagen mit eingestreuten Gebäuden, beispielsweise Radio Vatikan mit der großen Antennenstation. Hat man etwa eine dreiviertel Umdrehung in der Laterna gemacht, taucht an der linken Seite des Doms die riesige Sakristei und die moderne Audienzhalle auf, dazwischen der kleine, beschauliche Camposanto Teutonico (deutschen Friedhof).

Die riesigen Behörden, etwa das im Palastteil rechts der Sixtinischen Kapelle untergebrachte Staatssekretariat, dienen natürlich nicht der Verwaltung des kleinen Vatikanstaates, sondern der Leitung der gesamten römischen Kirche, deren Herrscher der Papst ist (Summus pontifex ecclesiae universae).

XIV

Heiliger Stuhl und Kurie

Die Institution, welche die Gesamtkirche regiert, wird als Heiliger Stuhl (Sancta Sedes) bzw. in letzter Zeit meist Apostolischer Stuhl (Apostolica Sedes) bezeichnet. Dort, und nicht am Vatikan, sind die Botschafter der einzelnen Länder akkreditiert. So hat beispielsweise Finnland mit fast ausschließlich lutheranischer Bevölkerung eine Botschaft am Heiligen Stuhl, die in einer stattlichen Villa am Gianiculo untergebracht ist. In der UNO ist die Gesamtkirche seit vielen Jahren ebenfalls unter der Bezeichnung „Heiliger Stuhl", nicht mehr als Vatikan, geführt.

Oberster Regent des Heiligen Stuhles ist der Papst, der sich dazu wiederum der Kurie und ihrer Kongregationen bedient. Die Kurienkardinäle unterstehen ihrerseits dem Kardinalstaatssekretär, welcher damit zweitmächtigster Mann der katholischen Kirche ist. Er ist aber voll den Weisungen des Papstes unterworfen, wird von ihm persönlich ausgesucht und verliert sein Amt mit dem Tod des Papstes. (Pius XII. zog es vor, für viele Jahre keinen Kardinalstaatssekretär zu ernennen und dessen Funktion selbst zu übernehmen).

Die Kongregationen, die den einzelnen Ministerien entsprechen und deren es augenblicklich neun gibt, werden von

Kurienkardinälen (Präfekten) geleitet, so etwa die Kongregation für die Glaubenslehre (Congregatio pro doctrina fidei) lange von Josef Kardinal Ratzinger.

6. Rundgang: Die Vatikanischen Museen und die Sixtinische Kapelle

Der Eingang zu den Vatikanischen Museen liegt auf der Nordseite des Vatikangeländes. Gelangt man nicht direkt vom Stadtzentrum dorthin, muss man sich somit beim Verlassen des Petersplatzes nach links wenden, geht bald danach durch einen Bogen der Mauer, welche Vatikan und Engelsburg verbindet und erreicht wenig später das Annentor (Porta Sant' Anna), den Haupteingang für die Bediensteten der Vatikanstadt. Der Versuch des Eintritts wird einem zwar sehr bald verwehrt; der Blick ins Innere ist dennoch anregend, unter anderem weil deutlich zu sehen ist, wie das Gelände zum Zentrum hin ansteigt, der Vatikan also wirklich auf einem hügeligen Gelände erbaut ist (s. dazu 1. Rundgang und das Stichwort Das Petrusgrab im Rahmen von Rundgang 4). Man folgt weiter den Mauern, welche im Wesentlichen aus dem 16. Jahrhundert stammen und wird früher oder später durch die Warteschlange gebremst.

Die Vatikanischen Museen sind von 9.00 bis 18.00 geöffnet (Stand April 2012; man erkundige sich nach eventuellen Änderungen); der letzte Einlass ist um 16.00. Am Sonntag und einigen Feiertagen sind die Museen geschlossen oder haben verkürzte Eintrittszeiten, sind am Montag deshalb oft überdurchschnittlich voll; andere Tage empfehlen sich mehr.

Die Eintretenden bewegen sich auf einer weiten Wendeltreppe hoch ins Innere, während eine Gegentreppe den Besucherstrom nach unten zum Ausgang führt; es herrscht sinnvollerweise Einbahnverkehr. Nach Zahlung der nicht geringen, aber angesichts des Gebotenen auch nicht überhöhten Eintrittsgebühr und Durchleuchtung des Gepäcks gelangt man in die Museen, die zu den größten der Welt gehören und allemal auch dann den Besuch lohnen würden, wenn nicht am Ende die Stanzen des Raffael und die Sixtinische Kapelle stünden. Ihre Anlage geht auf die stattliche Antikensammlung von Julius II. zurück (um 1500); diese umfasste unter anderem die Laokoongruppe und den Apoll von Belvedere, die unter dem Pontifikat dieses Papstes aufgefunden wurden. Auch seine unmittelbaren Nachfolger setzten die Tradition fort, diese antiken Meisterstücke der Öffentlichkeit zugänglich zu machen. Pius V. entfernte im Geiste der Gegenreformation alles Heidnische aus dem Vatikan (um 1570). Erst zwei Jahrhunderte später, unter Klemens XIV. und seinem Nachfolger Pius VI., wurde das Museo Pio-Clementino eingeweiht, unter Pius VII. (Graf Chiaramonti) das Museo Chiaramonti, schließlich unter Gregor XVI. das Museo Gregoriano Egizio und das Museo Gregoriano Etrusco (um 1840). Während des Pontifikats von Pius XI. wurde die endgültige Gestaltung der Pinakothek vorgenommen und ein völkerkundliches Museum mit Exponaten aus den Missionsgebieten eingerichtet; weiter vergrößerten Johannes XXIII. und Paul VI. den Museumskomplex. Im Laufe der Jahrhunderte wurden die nur ein kleines Areal in der Nähe des heutigen Eingangs umfassenden Gebäude zunehmend in Richtung Petersdom verlängert und schließen heute direkt an den westlichen Teil des alten Papstpalastes an.

Erfahrungsgemäß verwendet man häufig viel Zeit für die ersten Partien mit den diversen Museen, während man in den Stanzen des Raffael und der Sixtinischen Kapelle oft schon ermüdet ist oder gar unter dem Druck der baldigen Schließung steht. Es ist zu überlegen, ob genauer die einzelnen Kunstobjekte oder vor allem die am Ende des Rundganges gelegenen Räume betrachtet werden sollen.

Alle Wege führen als Endpunkt in die Stanzen des Raffael und die Sixtinische Kapelle mit Besuch mehr oder weniger der genannten Museen. Beschreibungen zu geben, ist wenig sinnvoll, da einige der Abteilungen wechselnd geschlossen sind; auch die farbig markierten Rundwege A bis D in den Museen helfen hier nicht wirklich weiter. Man gehe am besten immer den Schildern Cappella Sistina nach und mache mehr oder weniger ausführlich einige der angebotenen Abstecher. Nach Besichtigung der wechselnd zugänglichen Museen gelangt man zum westlichen, heute weitgehend unbewohnten und nur Ämter beherbergenden Teil des Papstpalastes; dabei werden mehrere große Innenhöfe passiert (Cortile della Pigna, Cortile del Belvedere). Man beachte die Blicke auf die Vatikanischen Gärten und die Kuppel der Peterskirche; da das später hinzugefügte Langhaus nicht zu sehen ist, stellt der Dom sich als Zentralbau so dar, wie ihn Michelangelo geplant hatte.

XV

Michelangelo und Raffael in Diensten der Päpste

Dass um 1500, als der Kirchenstaat fast ein Fünftel des heutigen Italiens umfasste, zahlreiche namhafte italienische Künstler für die Päpste arbeiteten, ist nicht weiter erstaunlich. Von Michelangelo und Raffael kann man sagen, dass sie weitgehend in deren Diensten standen.

Michelangelo Buonarotti (1475-1564) erhielt seine Ausbildung in Florenz, wohin er auch zwischendurch zurückkehrte, unter anderem um den berühmten David und die Mediceergräber zu schaffen. Wesentliche Tätigkeiten erfolgten jedoch in Rom, wo er zunächst für Julius II. die Decke der Sixtinischen Kapelle bemalte (1508-1512); die Erschaffung des Adam, die Vertreibung aus dem Paradies sowie Bilder einzelner Propheten und Sybillen sind bekannte Einzelheiten aus diesem Werk. Etwa in dieser Zeit beauftragte der Papst Michelangelo auch mit der Schaffung eines Grabmals, und zwar für sich (Julius) selbst, welches im neuen Petersdom aufgestellt werden sollte, zu dem der Pontifex gerade den Grundstein gelegt hatte (s. 3. Rundgang). Dieses Grabdenkmal sollte 40 Figuren enthalten, darunter eine Mosesstatue oben rechts. Fast 40 Jahre quälte sich Michelangelo mit diesem Werk, musste nach dem Tode Julius' den

Entwurf mehrfach verkleinern, bis schließlich jenes immer noch stattliche Grabdenkmal resultierte, welches heute in San Pietro in Vincoli steht und den Moses als zentrale Figur zeigt (s. 7. Rundgang).

Ein viertel Jahrhundert, nachdem er das Deckengemälde der Sixtinischen Kapelle vollendet hatte, musste der mittlerweile über sechzigjährige Michelangelo noch einmal auf das Gerüst steigen, um auf die Altarwand der Kapelle das riesige Fresko vom Jüngsten Gericht anzubringen (1536-1541). Danach bemalte er die Cappella Paolina mit den Fresken der Kreuzigung Petri und der Bekehrung des Paulus (1542-1555). Ab 1547 hatte sich der Maler und Bildhauer (wieder einmal) zusätzlich der Aufgabe als Architekt zu widmen: Durch den raschen Wechsel der Baumeister (Raffael, Peruzzi, Sangallo) nach dem Tode Bramantes kam der Bau der Peterskirche kaum mehr voran; schließlich erklärte sich auf Bitten von Paul III. 1547 der greise Michelangelo bereit, die weitere Planung und Ausführung des Dombaus zu unternehmen, „zum Ruhme Gottes, zu Ehren Petri und für das Heil meiner Seele." Dabei kehrte er wieder zum ursprünglichen Plan Bramantes zurück; 1564, als gerade der Tambour der Kuppel vollendet war, starb Michelangelo. Der Blick von den Vatikanischen Museen auf den Dom, dessen Langhaus von hier verdeckt ist, zeigt uns Sankt Peter, wie es Michelangelo geplant hatte: ein Zentralbau, über dem dominierend, von allen Seiten sichtbar, die mächtige Kuppel schwebt.

Der Beitrag, den der früh verstorbene Raffael (1483-1520) zu Bau und Ausschmückung der Gebäude im Vatikan leistete, ist kleiner, aber keineswegs zu unterschätzen. Zwar lässt sich sein Einfluss auf die Gestaltung des Doms bestenfalls noch in Details erkennen; bedeutsam sind jedoch, neben der Ausmalung von (nicht zu besichtigenden) Partien der Loggien, die Malereien in den päpstlichen Gemächern: Julius II. übertrug dem gerade 24 Jahre alten Raffael die Ausgestaltung großer Raumfluchten im Papstpalast, wobei die Übermalung bemerkenswerter Arbeiten älterer Meister billigend in Kauf genommen wurde. 1508 begann Raffael mit der Arbeit an der ersten der so genannten Stanzen (ital. stanza = Zimmer), der berühmten Stanza della Segnatura. Nur noch am anschließenden Raum, der Stanza d'Eliodoro, malte Raffael selbst; die weiteren wurden großteils unter seiner Aufsicht von Schülern ausgeführt, die letzten schließlich, lange nach dem Tod des Meisters, entstanden lediglich nach Plänen Raffaels.

Nach dem Besuch der Museen gelangt man zunächst in einige Galerien und Säle (etwa die Galerie der Landkarten mit geographischen Darstellungen italienischer Regionen), schließlich in die Stanzen des Raffael. Die erfahrungsgemäß immer wieder wechselnde Reihenfolge der Besichtigung entspricht nicht der Abfolge der Bemalung: Die Sala di Costantino ist erst nach Raffaels Tod, zumindest noch teilweise nach seinen Entwürfen, fertiggestellt worden. Die

Wandfresken zeigen unter anderem Konstantins Kreuzvision vor der Schlacht an der Milvischen Brücke („in hoc signo vinces"; s. Stichwort Konstantins Sieg an der Milvischen Brücke und das Toleranzedikt von Mailand), weiter die Taufe des Kaisers und Konstantins Schenkung an den Papst (s. Stichwort Die Konstantinische Schenkung). Die Wandmalereien des anschließenden Raumes („Stanza d'Eliodoro") wurden einige Jahre später als die der folgenden Stanza della Segnatura (s. unten) von Raffael ausgeführt (1512-1514) und zeigen deutliche Veränderungen in seinem Malstil. Während der Fertigstellung war Julius II. verstorben (1513) und Leo X. neuer Papst geworden. Der Name des Zimmers „Stanza d'Eliodoro" leitet sich von einem Fresko ab, welches die Vertreibung des Heliodor zeigt, eines Beamten, der den Tempelschatz in Jerusalem rauben wollte und von Engeln daran gehindert wurde; Julius II. sieht vom linken Bildrand der Szene zu. Ebenfalls wohnt der Papst der Messe von Bolsena bei, bei der ein Priester, welcher an die Verwandlung des Brotes in den Leib Christi nicht glauben konnte, durch die plötzlich blutende Hostie von seinen Zweifeln befreit wurde. Auf dieses Ereignis, welches in das Jahr 1263 datiert wird, wird häufig fälschlich die Einführung des Fronleichnamsfestes zurückgeführt; tatsächlich wurde bereits einige Jahrzehnte zuvor, basierend auf der Vision einer Nonne, in Lüttich (Belgien) ein Fest zur Verherrlichung der Hostie gefeiert. Ein weiteres Fresko zeigt Leo I. (Leo des Großen), wie er den Hunnen mit dem Kreuz entgegentritt und sie zum Abzug bewegt; das Gesicht des Papstes trägt deutliche Züge Leos X. Das vierte Wandfresko, das letzte, das Raffael selbst gemalt haben dürfte, zeigt die Befreiung Petri aus dem Kerker durch einen Engel (s. Stichwort Quo vadis?).

Es folgt die Stanza della Segnatura (so genannt nach einem kirchlichen Gericht, welches in dem Raum zeitweilig tagte), der erste der von Raffael ausgemalten Räume; der von ihm im Wesentlichen eigenhändig ausgeführte Freskenzyklus gilt als eines seiner Meisterwerke. Das Thema des Zimmers ist die Verbindung von antikem Kulturerbe und Christentum, für Julius II., der die Bemalung in Auftrag gegeben hatte, ein wesentliches Anliegen.

Man sieht das Fresko der Schule von Athen mit Darstellungen der Philosophen Platon und Aristoteles sowie einiger weiterer Gelehrter (unter anderem der Mathematiker Euklid und Pythagoras); viele der Gesichter sollen die Züge von berühmten Zeitgenossen Raffaels tragen. Gegenüber findet sich das Fresko der Disputà del Sacramento (Disputation über das Sakrament). Um eine Monstranz in der Bildmitte stehen Gruppen von Kirchenlehrern, Päpsten und anderer Geistlichkeit; darüber ist der Himmel mit Christus, Gottvater, dem hl. Geist zu sehen; sie sind von Maria und Johannes dem Täufer sowie Aposteln und Propheten umgeben.

Schließlich gelangt man in die Stanza dell'Incendio del

Borgo (Zimmer des Brandes im Borgo), deren Malereien nach Raffaels Tod von seinen Schülern ausgeführt wurden. Der Name leitet sich von dem großen Fresko ab, welches den Brand des Borgo (des Viertels um den Petersdom) und seine wunderbare Löschung durch Papst Leo IV. darstellt; man beachte die Fassade der alten Konstantinsbasilika. Weitere Fresken zeigen Leos IV. Sieg gegen die Sarazenen sowie zwei Szenen aus dem Leben Leos III.: Der Papst leistet den Reinigungseid im Anschluss an seine Rückkehr nach Rom (s. Stichwort Die Kaiserkrönung Karls des Großen) und krönt am Weihnachtsfeiertag 800 Karl zum Kaiser. Auftraggeber dieser Stanze war Papst Leo X.; die Bilder sollten die Leistungen von Päpsten mit dem Namen Leo darstellen.

Man gelangt nun zum letzten und zweifellos wichtigsten Punkt des Rundganges, der Sixtinischen Kapelle (Cappella Sistina). Sie wurde gegen Ende des 15. Jahrhunderts unter Sixtus IV. als Hofkapelle des Papstpalastes erbaut und an den Seitenwänden mit Fresken bedeutender Künstler ausgeschmückt. Vor allem die Deckenmalereien Michelangelos und das Fresko der Kapellenwand, vom selben Künstler etwa ein Vierteljahrhundert später geschaffen, begründen die einzigartige kunsthistorische Bedeutung der Kapelle. Anders als alle zuvor besuchten Räume hat sie jedoch keineswegs allein musealen Charakter, sondern ist ein wichtiger Kirchenraum des Vatikans, der unter anderem dem Papst für feierliche Messen in größerem, jedoch nicht ausgesprochen öffentlichem Rahmen dient. Vor allem aber ist die Sixtinische Kapelle von Zeit zu Zeit der Ort des Konklaves, der streng unter Ausschluss der Öffentlichkeit sich vollziehenden Papstwahl.

XVI

Die Papstwahl

Die heutige Form der Papstwahl durch die Kardinäle unter strenger Absonderung von der Öffentlichkeit (Konklave, von lateinisch: cum clave = mit einem Schlüssel) hat sich erst allmählich herausgebildet. Im 1. Jahrtausend wurde der Bischof von Rom in nicht genauer definierter Weise von „Klerus und Volk" gewählt. Dabei waren Unregelmäßigkeiten zu erwarten und auch an der Tagesordnung: Oströmischer Kaiser und deutscher König versuchten Einfluss zu nehmen, adlige Parteien ihre Kandidaten durchzusetzen, eine energische Mutter schaffte es, ihren noch jungen Sohn (den sie mutmaßlich von einem der letzten Päpste empfangen hatte) auf den Stuhl Petri wählen zu lassen. Aus diesen Gründen wurde Mitte des 11. Jahrhunderts auf einer Synode beschlossen, dass die Wahl des Papstes nur durch die Kardinäle zu geschehen habe, also durch Priester und Bischöfe wichtiger Kirchen in Rom und anderer Bischofsstädte, damals etwa 50 an der Zahl (s. auch Stichwort: Kardinäle und Titelkirchen). Wenig später wurde zudem der Beschluss gefasst, der Papst müsse mit einer Zweidrittelmehrheit gewählt werden. Der nächste Schritt war die Konklaveverordnung, die Verfügung, dass die Wahl in einem abgeschlosse-

nen Gebäude zu erfolgen habe. Dieses Verfahren hatte sich einst gewissermaßen von selbst entwickelt, als Bürger, denen der Vorgang zu lange dauerte, die Kardinäle kurzerhand einsperrten und erst nach erfolgreicher Einigung wieder freilassen wollten. Der damals schließlich Gewählte, Gregor X., erließ 1274 eine strenge Konklaveverordnung, der zu Folge jeder Kardinal nur einen Diener mitbringen durfte und zudem nach mehreren erfolglosen Wahlgängen die Mahlzeiten reduziert wurden. Prinzipiell hat sich an dieser Praxis bis heute wenig geändert; die Beschränkung der Zahl der Kardinäle auf 70, die Sixtus V. gegen Ende des 16. Jahrhunderts verfügt hatte, ist mittlerweile längst aufgehoben.

Das Konklave hat seit vielen Jahrhunderten so gut wie ausschließlich in der Sixtinischen Kapelle stattgefunden – lediglich die Wahl des Jahres 1800, aus der Pius VII. als Papst hervorging, wurde aus Furcht vor Napoleons Truppen in Venedig unter dem Schutz von Kaiser Franz II. abgehalten. Die Wahl vollzieht sich nach detaillierten Bestimmungen, die Paul VI. wenige Jahre vor seinem Tod erlassen hat (Apostolische Konstitution „Romano Pontifici eligendo" aus dem Jahre 1975): Das Konklave muss frühestens 15, spätestens 20 Tage nach dem Tod des letzten Papstes eröffnet werden; wahlberechtigt sind alle Kardinäle, die noch nicht das 80. Lebensjahr vollendet haben; gewählt ist, wer zwei Drittel der Stimmen und eine weitere auf sich vereinigt; nach sehr vielen erfolglosen Wahlgängen ist schließ-

lich auch die einfache Mehrheit ausreichend; die Wahl erfolgt geheim auf Stimmzetteln.

Prinzipiell kann zwar jeder männliche unverheiratete Katholik zum Papst gewählt werden – wobei dann einige Weihen nachgeholt werden müssten –, de facto wählen die Kardinäle seit vielen Jahrhunderten den Papst aus ihren Reihen. Neben dieser Form der geheimen Wahl sind theoretisch, auch noch in der von Paul VI. erlassenen Ordnung, zwei weitere Möglichkeiten vorgesehen: die Wahl durch Akklamation, bei der sich alle Kardinäle spontan auf einen Kandidaten festlegen oder durch Kompromiss, indem einzelne Wahlmänner bestimmt werden, die ihrerseits sich auf einen Kandidaten einigen.

Nach jedem Wahlgang werden die Stimmzettel verbrannt. War die Abstimmung erfolglos, wird nasses Stroh untergemischt, sodass schwarzer Rauch aufsteigt; nach erfolgreicher Abstimmung verbrennen die Wahlzettel als weißer Rauch. Am Petersplatz wartet eine riesige Menge und unzählige Übertragungswägen, um das Ergebnis des Stimmganges zu erfahren. Die Vorstellung des Neugewählten erfolgt wenig später auf der Benediktionsloggia (s. Stichwort Nach der Papstwahl).

Der Grundriss der rechteckigen Sixtinischen Kapelle hat die Maße, die dem Tempel Salomos zugeschrieben werden (40,28 m lang und 13,41 m breit); auffällig ist auch das Vorherrschen von Szenen und Figuren des Alten Testaments in den Malereien. Die Fresken der Seitenwände sind von namhaften Künstlern ausgeführt (unter anderem Botticelli, Ghirlandaio und Signorelli) und zeigen Szenen aus dem Leben Moses (linke Wand in Richtung Altar), denen Begebenheiten aus dem Leben Jesu auf der gegenüberliegenden Wand sinngemäß entsprechen. Am bemerkenswertesten ist wohl die Szene mit der Schlüsselübergabe an Petrus, ein Meisterwerk von Raffaels Lehrmeister Perugino. Oberhalb der Wandfresken, zwischen den Fenstern, findet sich eine Bildfolge mit Portraits der frühen Päpste. Ursprünglich war die Decke mit einem einfachen Sternenhimmel bemalt; 1508 begann Michelangelo im Auftrag von Julius II. mit ihrer Bemalung. In den großen, durch Jochbogen voneinander abgetrennten Rechtecken der Mittelachse sind Szenen aus dem Alten Testament von der Schöpfung bis zur Sintflut dargestellt, in den seitlich gelegenen kleineren Rechtecken und den Zwickeln weitere alttestamentliche Szenen und Bilder von Propheten und Sybillen (antiken Weissagerinnen).

Das große Fresko der Kapellenwand wurde, ebenfalls von Michelangelo, etwa 25 Jahre später ausgeführt. Zur Rechten Christi – der eher wie eine antike Heldenfigur wirkt – sieht man die Seligen, zu seiner Linken, besonders eindrucksvoll, die Verdammten. Da die antike Nacktheit der Gestalten Anstoß erregte, erhielt einige Jahre nach Vollendung des Werkes ein Künstler den Auftrag, in Gestalt von

Lendentüchern und Gewandzipfeln einige Partien zu übermalen.

1980 wurde eine umfassende Restaurierung eingeleitet, die fast 10 Jahre andauerte. Ihr Ergebnis stieß keineswegs auf ungeteilten Beifall der Fachwelt. Dennoch dürften die jetzigen leuchtenden Farben eher dem Zustand bei Fertigstellung entsprechen als jene gewohnten, durch Staub und Kerzenruß entstandenen düsteren Töne.

Nach Verlassen der Sixtinischen Kapelle sind die diversen Rundgänge im Wesentlichen beendet; man bewegt sich durch die langen, dekorativ bemalten Korridore (die Schaustücke unter anderem aus der Bibliothek zeigen und einen Blick auf den herrlich freskierten Sixtinischen Salon gestatten) rasch dem Ausgang zu.

7. Rundgang: Von Santa Maria Maggiore zum Kolosseum

Von Santa Maria Maggiore zum Kolosseum

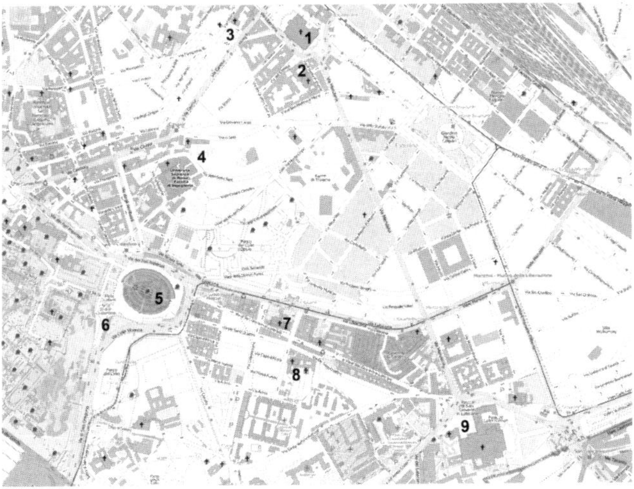

1. Santa Maria Maggiore
2. Santa Prassede
3. Santa Pudenziana
4. San Pietro in Vincoli
5. Kolosseum
6. Konstantinsbogen
7. San Clemente
8. SS. Quattro Coronati
9. San Giovanni in Laterano (Lateransbasilika)
10. Piazza Venezia
11. Pantheon
12. Santa Maria sopra Minerva
13. Piazza Navona
14. Il Gesù

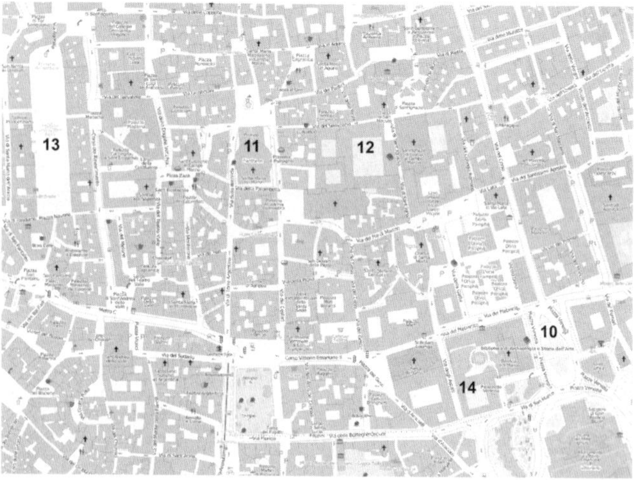

Dieser Rundgang zeigt zunächst mit Santa Maria Maggiore die wichtigste Marienkirche Roms und eines der bedeutendsten Gotteshäuser der Stadt überhaupt, eine der vier Patriarchalbasiliken. Mit dem Besuch zweier kirchengeschichtlich nicht ganz unbedeutsamer, zudem kunsthistorisch sehr bemerkenswerter Gotteshäuser, nämlich Santa Prassede und Santa Pudenziana, wird der Gang fortgesetzt. Nach etwas längerem Weg gelangt man zu San Pietro in Vincoli mit dem Grabmal, welches Michelangelo für Julius II. geschaffen hat und dessen Zentralfigur die berühmte Mosesstatue darstellt. Der Weg endet schließlich am Kolosseum, wo auch der nächste Rundgang beginnt.

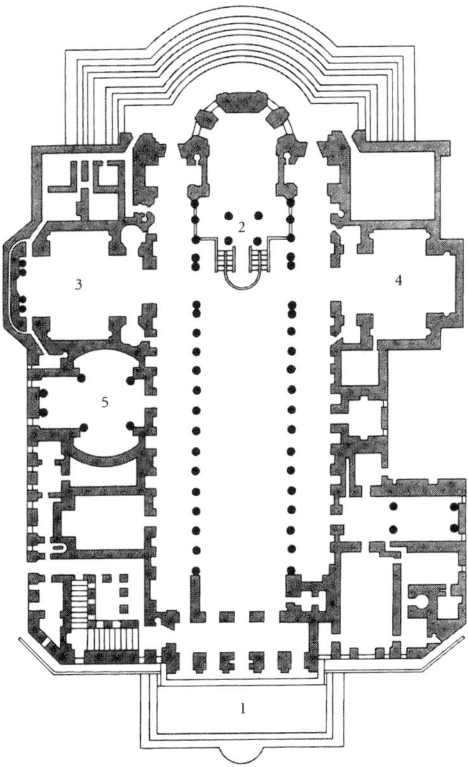

Santa Maria Maggiore

7. Rundgang

1. Vorhalle mit Porta Santa; im Obergeschoss die Benediktionslogia
2. Papstaltar mit barockem Baldachin; darunter die Confessio mit Resten der Krippe und Statue von Pius IX.
3. Cappella Paolina mit byzantischem Marienbild sowie den Grabmalen Pauls V. und Klemens VIII.
4. Cappella Sistina mit Resten einer Krippenkapelle sowie den Grabmalen Pius' V. und Sixtus' V.
5. Cappella Sforza, erbaut nach Entwürfen Michelangelos

Santa Maria Maggiore liegt in der Nähe des Hauptbahnhofes (Stazione Termini), in dessen Umgebung viele Besucher Roms untergebracht sind. Sie steht, was sich besonders von einer gewissen Entfernung bemerkbar macht, auf einem der sieben Hügel Roms, dem Esquilin. Santa Maria Maggiore gehört zu den sieben Haupt- oder Pilgerkirchen Roms (s. Stichwort Die sieben Haupt- oder Pilgerkirchen Roms) und zu den vier Patriarchalbasiliken Roms (damit direkt zum vatikanischen Besitz).

XVII

Patriarchalbasiliken

Der Begriff Basilika ist nicht einfach zu erläutern (und auch nicht einheitlich definiert). Unter architektonischen Gesichtspunkten versteht man darunter im Allgemeinen einen Kirchenbau, dessen Hauptschiff höher als die Seitenschiffe ist (im Gegensatz zur Hallenkirche mit gleich hohen Schiffen). Basiliken (wörtlich: Königshallen) fanden sich schon in der Antike und waren meist stattliche Gebäude, die teils politischen Zwecken dienten, teilweise aber auch als große Markthallen genutzt wurden. Die bekannteste antike Basilika Roms ist die Konstantinsbasilika, deren mächtige Ruinen neben dem Forum Romanum gelegen sind. Dieses Gebäude darf nicht mit dem unter Konstantin errichteten Vorgängerbau der heutigen Peterskirche verwechselt werden, der zuweilen ebenfalls Konstantins- und konstantinische Basilika genannt wird.

Liturgisch gesehen wird als Basilika eine wichtige Kirche bezeichnet, unabhängig davon, ob sie tatsächlich die Bauform der Basilika hat. Die Basiliken unterteilt man wieder in (die seltenen) Basilicae maiores (gleichbedeutend im Wesentlichen mit Patriarchalbasiliken) und Basilicae minores. Zu der letzten Gruppe gehören nicht nur viele Kirchen

Roms, sondern auch außerhalb der Stadt (in Deutschland einige ältere Dome wie die von Bamberg, Speyer und Worms, daneben aber auch unter anderem die Wallfahrtskirchen Altötting, Kevelaer und Ottobeuren). Andere Kirchen werden oft umgangssprachlich Basilika genannt, obwohl sie den vom Papst verliehenen, an bestimmte Voraussetzungen gebundenen Titel einer Basilica minor nicht führen dürfen.

Als Patriarchen bezeichnet man Bischöfe sehr alter, in die Frühzeit des Christentums zurückgehender Bischofssitze (etwa Antiochia, Alexandria, Jerusalem und Rom). Das einzige Patriarchat im Westen ist heute das von Rom (nachdem das frühere Patriarchat von Karthago bedeutungslos geworden ist); der Papst trägt deshalb unter anderem auch den Titel „Patriarch des Abendlandes". (Der Erzbischof von Venedig führt formal auch den Titel eines Patriarchen, da ihm als Titularpatriarchat das von Aquileia übertragen wird.)

Nach diesen alles andere als einfachen Sachverhalten zum Begriff der Patriarchalbasiliken (Papstbasiliken): Es handelt sich um wichtige Kirchen Roms, die direkt dem Papst unterstehen, einen Papstthron und einen Papstaltar besitzen und zudem einige weitere, teilweise kurios anmutende und nur kirchenhistorisch verständliche Privilegien besitzen (etwa das Recht auf einen rot-gelb gestreiften Schirm am Altar). Übereinstimmend zu den Patriarchalbasiliken Roms gerechnet werden San Giovanni in Laterano, San Pietro in Vaticano, San Paolo fuori le Mura und Santa Maria Maggio-

re; sie erfüllen die erwähnten Kriterien, gehören nach den Lateranverträgen zum extraterritorialen Besitz des Vatikanstaates und haben eine Porta Santa (Heilige Pforte), die nur in den Heiligen Jahren geöffnet wird (s. Stichwort Heiliges Jahr und Heilige Pforte). Widersprüchlich angegeben wird der Status von San Lorenzo fuori le Mura, welche Kirche nach meinem Kenntnisstand keinen Papstaltar und keinen Papstthron besitzt (auch keine Porta Santa), aber öfters als fünfte Patriarchalbasilika Roms angeführt wird. Auch außerhalb Roms gibt es seit einigen Jahren zwei Patriarchalbasiliken, nämlich San Francesco und Santa Maria degli Angeli in Assisi.

Santa Maria Maggiore (zu Deutsch: Groß-St. Marien) wurde entweder im 4. oder 5. Jahrhundert erbaut. Die Legende erzählt, eine Marienerscheinung habe den Papst Liberius (352-366) angewiesen, an einer Stelle, auf der mitten im August Schnee fallen würde, eine Kirche zu errichten. Man findet heute noch als weiteren Namen für das Gotteshaus Maria della Nieve (Maria-Schnee) oder Basilica Liberiana. Mindestens ebenso wahrscheinlich ist es, dass die Kirche erst im 5. Jahrhundert erbaut wurde und zwar im Anschluss an das Konzil von Ephesus (431); dort war festgelegt worden, dass Maria Gott selbst geboren habe (und nicht nur die menschliche Hülle für den Gottessohn), wonach eine intensive Marienverehrung einsetzte.

In jedem Fall geht der Grundriss der Kirche auf sehr frühe Jahrhunderte zurück und ist auch noch im Kern erhalten. Von außen scheint das Gebäude jedoch deutlich jüngeren Datums: Die Fassade der Eingangsseite stammt aus der Rokokozeit, der Campanile aus dem 14. Jahrhundert. Durch Anbau von kleineren Kapellen an beide Seitenschiffe und Erweiterung des Querschiffes mit den mächtigen kuppelgekrönten Räumen der Cappella Sistina und Cappella Paolina (16. und 17. Jahrhundert) ist der jetzige Bau sehr viel breiter; die heutige Apsis war um 1290 hinzugefügt worden. Die Westfassade, die mit einer wirkungsvollen Freitreppe zur Piazza dell'Esquilino (mit dem Obelisken) ausläuft, stammt aus dem 17. Jahrhundert.

Auf dem Platz vor der Ostfassade steht eine von einer Marienstatue gekrönte hohe Säule, die aus der Konstantinsbasilika stammt (dem auch Maxentiusbasilika genannten großen Hallengebäude beim Forum Romanum, nicht aus dem Vorgängerbau des Petersdoms). Der Rokokovorbau der Basilika besteht im unteren Stockwerk aus einer tonnenförmigen Querhalle (1); im oberen Stockwerk ist er durchbrochen und bildet einen loggienähnlichen Aufsatz (Benediktionsloggia), die gegen Gebühr besucht werden kann. Die Rückwand der Loggia ist die alte Kirchenfassade mit weitgehend erneuerten Mosaiken aus dem 14. Jahrhundert; einige von ihnen stellen das Schneewunder dar. Fünf Portale führen in den Kirchenraum, von denen das am weitesten links gelegene die Porta Santa ist, welche nur jeweils im

Heiligen Jahr geöffnet wird (s. Stichwort Heiliges Jahr und Heilige Pforte).

Beim ersten Eintreten, wenn die Öffnungen der Seitenkapellen wenig deutlich hervortreten, bietet sich das Bild einer dreischiffigen frühchristlichen Basilika. Das breite Mittelschiff ist von den Seitenschiffen durch engstehende Marmorsäulen getrennt. Zwischen Architrav und Fenstern sind guterhaltene Mosaiken zu sehen, welche ins 5. Jahrhundert datiert werden und die Szenen aus dem Alten Testament zeigen. Der das Mittelschiff abschließende Triumphbogen ist ebenfalls mit Mosaiken bedeckt, die aus derselben Zeit wie die des Langhauses stammen dürften und Begebenheiten aus dem Leben Jesu darstellen. Die mosaikgeschmückte Apsis ist wesentlich jünger (um 1300) und zeigt als zentrales Thema die Krönung Marias, zudem weitere Szenen aus dem Marienleben. Geht man in Richtung Apsis, so empfiehlt es sich, zunächst keine der Seitenkapellen zu besuchen, um den Eindruck der frühchristlichen Basilika nicht zu verlieren. Man beachte die schönen Kosmatenarbeiten im Fußboden und die prächtige Kassettendecke des ausgehenden 15. Jahrhunderts, für die das erste aus Amerika stammende Gold verwendet wurde. Unter dem Triumphbogen steht der erhöhte Papstaltar (2) mit dem barocken Baldachin, der dem in der Peterskirche weitgehend nachempfunden ist und durch seine übermäßige Höhe den Raumeindruck etwas stört. In der Confessio, dem abgesenkten Raum unter dem

Altar, findet sich eine Kapelle, in der Reste der Krippe Jesu verwahrt werden sollen; die Statue des knienden Pius IX. wurde Ende des 19. Jahrhunderts geschaffen.

Erst jetzt besuche man noch die mächtigen Seitenkapellen zu beiden Enden des kurzen Querschiffes. Die linke, die Cappella Paolina (3), enthält die Grabdenkmäler für Paul V. (links) und Klemens VIII. (rechts), zudem einen prächtigen Altar mit einem der am meisten verehrten Marienbilder Roms; der Legende nach ist es vom hl. Lukas gemalt, stammt aber tatsächlich aus dem byzantinischen Raum und dürfte gegen Ende des 1. Jahrtausends, vielleicht auch später, angefertigt worden sein. Die Kapelle ist, ebenso wie die gegenüberliegende Cappella Sistina, von einer mächtigen Kuppel gekrönt. Diese Kuppeln bestimmen wesentlich die Außenansicht der Basilika.

Die (zur Zeit in Restauration befindliche, möglicherweise erst 2013 wieder geöffenete) rechte große Seitenkapelle, die Cappella Sistina (4), wurde im Auftrag von Sixtus V. erbaut und enthält unter dem Altar Reste einer Krippenkapelle von Arnulfo di Cambio aus dem Jahre 1290, das Grabmal für den Erbauer Sixtus V. (rechts) und schließlich die Grabstätte des heiliggesprochenen Pius V. (links). Während das Denkmal dieses Papstes ihn im Wesentlichen als Kirchenlehrer zeigt, finden sich an den Reliefs des Sixtusgrabes sehr befremdende Szenen, unter anderem Soldaten, die mit abgeschlagenen Köpfen in der Hand triumphierend zurückkehren.

XVIII

Sixtus V.

Der aus ärmlichsten Familienverhältnissen stammende Franziskanermönch Sixtus V. (1585-1590) war zweifellos einer der bemerkenswertesten (und umstrittensten) Päpste, nicht so sehr als Oberhirte, sondern als Bauherr und strenger Regent. Nach der Plünderung durch kaiserliche Soldaten im Jahre 1527 (s. Stichwort Sacco di Roma) und als Folge mehrerer Pestepidemien war die Einwohnerzahl Roms deutlich zurückgegangen, zudem die Stadt durch Straßenräuber höchst unsicher geworden. Sixtus, als Papst nicht nur Oberhaupt der katholischen Kirche, sondern auch souveräner Herrscher über Rom und den Kirchenstaat, setzte dem Bandenunwesen durch drakonische Strafen in seinem kurzen Pontifikat rasch ein Ende. Prämien wurden für abgeschlagene Köpfe von Banditen ausgesetzt, kleinste Verbrechen unnachsichtig geahndet. Durch raffinierte und skrupellose Steuerpolitik erhöhte Sixtus die Staatseinnahmen beträchtlich, investierte aber ebenso wieder in diverse öffentliche Vorhaben, so unter anderem in den Bau einer Leitung, die Wasser aus etwa 50 km Entfernung herantransportierte und noch heute der Wasserversorgung der Stadt dient. Im Rahmen einer regen Bautätigkeit schloss er den Ausbau des

Lateranpalastes ab und ließ vor allem die Kuppel des Petersdoms vollenden; Hunderte von Arbeitern waren, auch nachts bei Fackelschein, über viele Jahre tätig.

Auch auf kirchenrechtlichem Gebiet hat Sixtus V. in seinem kurzen Pontifikat Akzente gesetzt: Er begrenzte die Anzahl der Kardinäle auf 70, welche Regelung sich fast 400 Jahre bis zum Tode Pius' XII. hielt; erst Johannes XXIII. (1958-1963) verdoppelte durch zahlreiche Ernennungen mehr oder weniger diese Zahl. Sixtus begründete zudem die Kardinalskongregationen, Ministerien entsprechende Unterabteilungen der Kurie, die bis heute existieren.

Als Sixtus V. 1590 starb, war ganz Rom, das unter der Steuerlast und dem Despotismus des Papstes gelitten hatte, erleichtert; als kurz nach seinem Tode ein heftiges Gewitter niederging, munkelte man, der Teufel habe den Franziskanermönch zu sich geholt (Fuhrmann); andererseits wird Sixtus aber auch als einer der bedeutendsten Päpste des 16. Jahrhunderts angesehen (Franzen u. Bäumer).

Nach Besuch der Cappella Sistina kann man noch einen Blick in die im linken Seitenschiff (eingangswärts vor der Cappella Paolina) gelegene, nur zum Gebet zugängliche Cappella Sforza (5) werfen, die auf Entwürfen Michelangelos basiert.

Man geht nun zum Haupteingang und auf die Piazza Santa Maria Maggiore zurück, folgt wenige Meter der Via Merulana, bis man in der nächsten Querstraße rechts die

Kirche Santa Prassede bemerkt, die von Wohnhäusern umgeben ist. Es dürfte sich bei Santa Prassede um eine so genannte Hauskirche handeln, indem ein frommer Bürger seine Wohnung als Gottesdienstraum zur Verfügung stellte und so die Errichtung eines eigentlichen Kirchenbaus überflüssig machte. Die Kirche in jetziger Form wurde im 9. Jahrhundert errichtet und zeigt trotz aller späterer Umbauten im Wesentlichen die ursprüngliche Ausstattung. Besonders ins Auge fallen die wertvollen Mosaiken: Im Apsisbogen ist in der Mitte der Erlöser zu sehen, zu dessen Rechten (also zur Linken des Betrachters) der Apostel Paulus, die hl. Praxedis (der die Kirche geweiht ist) sowie Papst Paschalis I. Dieser hält ein Modell des Kirchleins in der Hand; der rechteckige Heiligenschein weist ihn als noch lebende Person aus. Zur Linken Christi stehen Petrus, die hl. Pudentiana (die Schwester der Praxedis) und der hl. Zeno.

In der Krypta unter dem überhöhten Presbyterium befinden sich vier frühchristliche Sarkophage, von denen zwei die Überreste der hl. Praxedis und ihrer Schwester, der hl. Pudentiana, enthalten sollen; der Legende nach waren sie Töchter des Senators Pudens, der von Petrus zum Christentum bekehrt wurde und ihm sein Haus zur Verfügung stellte (s. Santa Pudenziana).

Man versäume auf keinen Fall, die vom rechten Seitenschiff aus zugängliche Zeno-Kapelle mit hervorragenden Mosaiken des 9. Jahrhunderts zu besuchen. Zentrum der

Decke bildet ein Christusmedaillon, welches von vier aus den Säulen hervorzuwachsen scheinenden Engeln getragen wird; weiter sieht man eine Darstellung verschiedener Heiliger, deren Bedeutung nur teilweise geklärt ist. Unbedingt zu beachten ist auch der schöne Marmorfußboden. In einer Nische der Zeno-Kapelle wird ein Säulenstumpf gezeigt, an dem Christus bei der Geißelung angebunden gewesen sein soll.

Hinweis: Santa Prassede und Santa Pudenziana sind nicht ganztägig geöffnet, man beachte die Mittagspause (etwa von 12 bis 15 Uhr, abhängig von Jahreszeit und Wochentag)

Man kehrt nun zur Piazza Santa Maria Maggiore zurück, geht an der linken Seite der Basilika entlang und bewundert an der Piazza dell'Esquilino mit dem Obelisken die barocke Westfassade mit der Freitreppe; unter Überquerung der Via Cavour gelangt man an das Ende des sich absenkenden, langgestreckten Platzes und wendet sich nach links in die Via Urbana. Nach wenigen Metern erscheint rechts, unter dem Straßenniveau, die Kirche Santa Pudenziana.

Sie ist der hl. Pudentiana geweiht, der Schwester der Praxedis und Tochter des Senators Pudens (s. oben). Die Kirche soll das den römischen Bischöfen von Pudens zur Verfügung gestellte Wohnhaus gewesen sein (und damit für viele Jahre der erste Papstsitz). Ob dies tatsächlich so war, wird kontrovers diskutiert. Die heutige Kirche ist in jedem

Fall ein Bau des ausgehenden vierten Jahrhunderts, der allerdings im Laufe der Zeit wenig gelungene Veränderungen erfahren musste. Die Fassade der Kirche stammt aus dem 19., der Campanile aus dem 13. Jahrhundert. Bemerkenswert ist das (allerdings im 19. Jahrhundert erneuerte) Apsismosaik aus der Erbauungszeit, eines der ältesten Mosaiken im christlichen Rom überhaupt; leider ist es durch die späteren Umbauten stark beschnitten worden. Zu sehen sind die Attribute der vier Evangelisten (der Engel des Matthäus und der Adler des Johannes nur teilweise), darunter Christus vor einer Darstellung Jerusalems und des Golgatahügels. Die dargestellten Apostel sind ebenfalls nicht mehr vollständig.

S. Pudenziana ist Titelkirche des Erzbischofs von Köln, Joachim Kardinal Meisner; sein Wappen ist rechts über der Eingangstür zu sehen. Links befindet sich das Papstwappen Benedikts XVI. mit den obligatorischen gekreuzten Schlüsseln sowie dem „Freisinger Mohr“ und dem ebenfalls mit der Domstadt Freising in Verbindung zu bringenden „Korbiniansbär“.

XIX

Kardinäle und Titelkirchen

Kardinäle sind vom Papst ernannte Würdenträger der katholischen Kirche. Für viele Jahrhunderte mussten dies keineswegs unbedingt Bischöfe sein; beispielsweise hatte Kardinal Consalvi, der als Kardinalstaatssekretär unter Pius VII. in den schwierigen Zeiten der Herrschaft Napoleons die Außenpolitik des Kirchenstaates bestimmte (s. 13. Rundgang sowie das Stichwort Pius VII. und Napoleon), nur die Priesterweihe. Mittlerweile ist durch ein Dekret von Johannes XXIII. aus dem Jahre 1962 festgelegt, dass alle Kardinäle auch das Bischofsamt übertragen bekommen. Wichtigstes Privileg der Kardinäle ist das Recht der Papstwahl, welches allerdings nach einer Verordnung Pauls VI. nur für jene gilt, die das 80. Lebensjahr noch nicht vollendet haben (s. Stichwort Die Papstwahl).

Das lateinische Wort cardo bedeutet Angelpunkt und bezeichnete wichtige Pfarreien oder Bistümer in und um Rom; ihre Inhaber waren so genannte Kardinäle (eingeteilt in Kardinalpriester und Kardinalbischöfe); auch Vorstände gewisser „Sozialstationen", Männer, die nur die Diakonsweihen erhalten hatten, bekamen den Titel eines Kardinals verliehen („Kardinaldiakone"). Auch heute unterscheidet man noch formal Kardinalbischöfe, Kardinalpriester und Kardinaldiakone, die aber stets die Bischofsweihen empfangen haben (s. oben). Die Unterscheidung hat im Wesentlichen liturgische Bedeutung, indem den Kardinalbischöfen der Vortritt vor den Kardinalpriestern gebührt, letzteren wiederum der vor den Kardinaldiakonen. Diese Ränge werden heute Bischöfen mit der Ernennung zum Kardinal zuerkannt, ebenso wie ihnen eine Titelkirche zugeteilt wird, ein nur unter historischem Aspekt voll zu begreifender Vorgang.

Als Titel bezeichnete man in den frühen Jahrhunderten wichtige Pfarreien Roms, deren Inhaber ein Kardinalpriester war. Ein als Vorsteher in diese Pfarrei eingesetzter Priester erhielt damit mehr oder weniger automatisch den Kardinalstitel verliehen. Heute ist der Vorgang genau umgekehrt. Wird einem Bischof in irgendeinem Teil der Welt die Kardinalswürde verliehen, so bekommt er damit im Allgemeinen auch eine Titelkirche in Rom zugewiesen. Das hat keine wesentliche Bedeutung für den Kardinal, der sein Amt weit weg in seinem eigenen Bistum oder in der römischen Kurie ausübt. Man findet sein Wappen rechts über dem Eingang, häufig auch sein Bild in der Sakristei, und wenn er nach Rom kommt, so pflegt er nicht selten dort eine Messe zu lesen; Angehörige seines Bistums besuchen gern in Rom die Titelkirche ihres Bischofs.

Der Sachverhalt ist insofern noch etwas komplizierter, als, wie erwähnt, auch Diakone, in frühen christlichen Zei-

ten Männer mit niedrigeren Weihen und Vorsteher einer Art Sozialstation, Kardinäle waren. Deren uralte Titel werden ebenfalls einigen Kardinälen verliehen, die damit nicht Kardinalpriester, sondern (nur) Kardinaldiakone sind; sie können nach einiger Zeit in den Rang eines Kardinalpriesters aufsteigen. Schließlich waren auch die Bischöfe einiger Bistümer um Rom, der sogenannten suburbikarischen Bistümer (etwa Ostia), Kardinäle, und wenigen (nämlich sechs) Kardinälen (immer Kurienkardinälen) wird somit auch eine Bischofskirche als Titel zuerkannt (Kardinalbischöfe); diese Diozesen werden jedoch von eigenen, dort residierenden Bischöfen geleitet.

Der direkteste Weg nach San Pietro in Vincoli („St. Peter in Fesseln") führt über die links parallel zur Via Urbana verlaufende Via Cavour; nach etwa 500 m führen von dieser linkerhand Treppen zum Platz vor der Kirche (man beachte die Hinweise an der Stelle, wo die Via Cavour nach rechts abknickt und wende sich am Ende der Treppe nach rechts; zu berücksichtigen ist, dass – je nach Jahreszeit – die Kirche von etwa 12.00 bis 15.00 geschlossen ist).

Der Bau geht vermutlich auf das 5. Jahrhundert zurück, und seit dieser Zeit dürften auch dort die Ketten verwahrt werden, die dem Gotteshaus den Namen gegeben haben; wenigstens sollen seit dieser Zeit Kirchen in ganz Europa um Späne von diesen Ketten als Reliquien gebeten haben. Trotz mehrfacher Umbauten ist im Prinzip die alte

Raumstruktur einer dreischiffigen Basilika erhalten geblieben; Fassade und Vorhalle sind allerdings Neuschöpfungen aus dem 16. und 17. Jahrhundert.

Als bemerkenswert ist zunächst das Grabmal des Cusanus im linken hinteren Seitenschiff hervorzuheben, jenes philosophisch und theologisch hochgebildeten Nikolaus von Kues an der Mosel, der als Kardinal und Bischof von Brixen San Pietro in Vincoli als Titelkirche erhalten hatte. Man beachte weiter das byzantinische Mosaik des hl. Sebastian am (vom Eingang aus) zweiten Altar des linken Seitenschiffes. Die Fesseln Petri sind unter dem Hochaltar zu sehen; sie liegen in einem Schrein des 19. Jahrhunderts, den eine kleine Engelsfigur krönt (Hinweis auf die Befreiung des Apostels aus dem Kerker durch einen Engel; s. Stichwort Quo vadis). In der Vertiefung um den Altar beachte man die Kosmatenarbeiten des Fußbodens und an den Seitenbegrenzungen.

Bedeutendste Sehenswürdigkeit von San Pietro in Vincoli ist jedoch das großteils von Michelangelo geschaffene Grabmal für Julius II. im rechten Seitenschiff. Dabei handelt es sich um ein Scheingrab; der Papst ist tatsächlich im Petersdom beigesetzt.

XX

Julius II.

Julius II. (1503-1513) nimmt allein schon deshalb eine besondere Stellung in der Papstgeschichte ein, weil er als letzter der Päpste über eine ungeteilte abendländische Christenheit herrschte. Während des Pontifikats seines Nachfolgers Leos X. (1513-1521) schlug Luther in Wittenberg seine Thesen an die Kirchentür (1517); einige Jahre später ließ sich Heinrich VIII. von England gegen den Willen des Papstes scheiden, heiratete Anna Boleyn und trennte sich samt seinen Untertanen von der römischen Kirche (1533).

Zudem war Julius II. eine der interessantesten Papstgestalten, großer Bauherr und Förderer der Künste, daneben gewitzter Staatsmann sowie leidenschaftlicher und erfolgreicher Kriegsherr.

Da er nicht in den Gemächern seines verhassten Vorgängers Alexander VI. Borgia wohnen wollte, bezog er neue Räume im Vatikanpalast und beauftragte Raffael mit ihrer Ausmalung (Stanzen des Raffael, s. 6. Rundgang). Michelangelo hatte nicht nur am riesigen Grabmal des Papstes zu arbeiten, sondern auch die Decke der Sixtinischen Kapelle mit Fresken zu versehen. Bedeutendste Tat Julius' als Bauherr war jedoch der Neubau der Peterskirche, zu dem er

1506 feierlich den Grundstein legte. Als eifriger Sammler von antiken Statuen stellte er diese öffentlich zur Ansicht und begründete damit die Vatikanischen Museen sowie die Tradition der Päpste als Kunstsammler.

Dem Kirchenstaat in den letzten Jahrzehnten verloren gegangene Gebiete eroberte Papst Julius zurück, stand dabei selbst an der Spitze des Heeres. Geschickt Bündnisse erst mit, dann gegen die Franzosen schmiedend, vertrieb er die Fremdlinge aus Italien und verleibte ihre Gebiete dem Kirchenstaat ein, der damit eine größere Ausdehnung als selten zuvor und danach hatte.

Obwohl er durchaus Familie besaß – drei Töchter hatte der Kardinal della Rovere noch vor seinem Pontifikat gezeugt – schien Julius II. nie jene widerliche Vetternwirtschaft getrieben zu haben, die viele seiner Vorgänger, etwa Sixtus IV. und Innozenz VIII., speziell aber den Borgia-Papst Alexander VI., ausgezeichnet hatte. Als Julius im Alter von 70 Jahren starb, trauerte ganz Rom um ihn; dabei war er in seinem Jähzorn sehr gefürchtet – er hatte den Beinamen „papa terribile", der „schreckliche Papst" – und ließ für seine Bauvorhaben die Untertanen schwer zur Ader (geschickter Weise nicht durch Steuern, sondern durch bezahlbare Ablässe). Insgesamt war sein Pontifikat einer der glänzendsten der Papstgeschichte, allerdings weniger in geistlicher als in weltlicher Hinsicht.

In der Mitte beherrscht eine Mosesfigur mit den idealisierten Zügen von Papst Julius, zornig die Gesetzestafeln haltend, das Monument; sie ist ein Werk Michelangelos, vermutlich aus den Jahren 1512-1517. Die beiden Figuren zu ihren Seiten, Lea und Rachel, dürften, zumindest in Teilen, von Schülern nach seinen Entwürfen ausgeführt worden sein und stammen aus der Zeit nach 1542. Die Statuen der oberen Reihe, die Madonna über der liegenden Figur des Papstes, eine Sybille links und ein Prophet rechts, sind von weniger namhaften Künstlern angefertigt.

Das Grabmal hat eine sehr wechselvolle Geschichte, die Michelangelo selbst als Tragödie seines Lebens bezeichnet hat: Bald nach seiner Wahl fasste Julius II. den Entschluss, sich von dem Florentiner Bildhauer Michelangelo Buonarotti ein riesiges freistehendes Grabmal errichten zu lassen, welches seinen Platz in der gerade geplanten neuen Peterskirche finden sollte. Michelangelo machte sich begeistert an den Entwurf, beaufsichtigte selbst in Carrara den Abbau riesiger Marmorblöcke, die per Schiff nach Rom gebracht und auf dem Petersplatz gelagert wurden. Plötzlich verlor jedoch der Papst das Interesse an dem Objekt, verweigerte weitere Zahlungen, überwarf und versöhnte sich wieder mit Michelangelo, beschäftigte ihn mit anderen Aufgaben und kam schließlich doch, seinen Tod ahnend, auf die Idee des Grabmals zurück.

Ein Entwurf aus dieser Zeit sieht ein riesiges Wanddenkmal mit einer Vielzahl von Figuren vor, unter anderem einer

Mosesstatue oben rechts. Nach dem Tod des Papstes stritt sich Michelangelo mit dessen Erblassern, legte weitere verkleinerte Entwürfe vor, fertigte einige Figuren von Sklaven für die verschiedenen Versionen des Grabmals an, die heute in Paris und Florenz stehen. Das schließlich 1545 am heutigen Platz aufgestellte Denkmal hat mit dem ursprünglichen Vorhaben Michelangelos so gut wie nichts mehr gemeinsam.

Nach Verlassen der Kirche wendet man sich nach links und geht bei nächster Gelegenheit rechts auf die Säulen um das Forum Romanum zu; bald steht man auf einer Rampe, die einen schönen Blick auf Kolosseum und Konstantinsbogen bietet.

Wer auch das heidnisch-antike Rom besuchen will, hat von hier aus gute Gelegenheit: Nach links sich in die Via Nicola Salvi wendend, erreicht man bald die Domus aurea (das „Goldene Haus“) des Nero im Parco Oppio. Zwischen Kolosseum und Konstantinsbogen führt die Via sacra direkt auf das Forum Romanum und weiter auf den Kapitolhügel.

8. Rundgang: Vom Kolosseum zum Lateran

Dieser Weg beginnt am Kolosseum und Konstantinsbogen; die mit diesen Bauten verbundenen Ereignisse (Christenverfolgung und Sieg Konstantins an der Milvischen Brücke) bilden gewissermaßen die Schnittstelle zwischen heidnischer und christlicher Antike. Auf dem weiteren Weg wird mit der Unterkirche von San Clemente eines der frühesten christlichen Gotteshäuser überhaupt besucht; die Oberkirche bietet ein ausgezeichnetes Beispiel für den Baustil einer frühchristlichen Basilika. Ein Abstecher zur kleinen Kirche Santi Quattro Coronati zeigt nicht nur eine interessante Anlage, sondern auch ein illustratives mittelalterliches Fresko, welches auf zentrale Themen der Papstgeschichte hinweist. Der Spaziergang endet vor der Lateranbasilika (der eigentlichen Bischofskirche des Papstes) und dem Lateranpalast (s. Plan S. 113).

Das riesige Kolosseum wurde unter den Flavierkaisern Vespasian und Titus in den Jahren 72-80 n. Chr. erbaut (also nach dem Tode Neros) und hieß deshalb zunächst Amphitheatrum Flavium. Der Name Kolosseum, der erst im Mittelalter aufkam, geht wohl auf eine heute nicht mehr vorhandene Kolossalstatue Neros an der westlichen Seite des umgebenden Platzes zurück. In den ersten Jahrhunderten war das 45.000 Zuschauer fassende Amphitheater Ort großer Gladiatorenschlachten und Tierhetzen. Ob dort auch Christen hingerichtet wurden, wie es in die Tradition eingegangen ist (s. unten), wird eher bezweifelt; zumindest die während Neros blutiger Verfolgung umgekommenen Christen fanden ihren Tod im Zirkus des Nero auf dem Vatikanischen Hügel (s. 3. Rundgang sowie Stichwort Das Petrusgrab).

Ab dem frühen Mittelalter verfiel der riesige Bau des Kolosseums und wurde zudem durch Erdbeben zerstört; im späten Mittelalter und noch in der Renaissance diente er als Steinbruch für Roms Paläste. Benedikt XIV. verbot diese Plünderungen, stellte gewisse Teile wieder her und weihte die Arena als Ort des Martyriums der frühen Christen; eine Tafel an der Ostseite weist auf dieses Ereignis hin. Spätere Päpste, so Pius VII., Leo XII. und Pius IX. ließen größere Teile restaurieren. Obwohl das Kolosseum nicht sicher mit Hinrichtungen von Christen in Verbindung zu bringen ist, eignet sich doch dieses eindrucksvolle Monument als Ort von Todeskämpfen und Volksbelustigung zur Erinnerung an Verfolgungen der ersten Jahrhunderte. Das in die Mitte der Arena errichtete Kreuz steht heute im nördlichen Haupteingang, die um das Rund der Arena aufgestellten 14 Altäre des Kreuzweges wurden Ende des 19. Jahrhunderts wieder entfernt. Weiter ist es jedoch Tradition, dass der Papst dort am Karfreitag den Kreuzweg betet.

XXI

Christenverfolgungen

Diese darf man sich nicht so vorstellen, dass Christen dauernd und an allen Orten des römischen Reiches unbarmherzig gejagt und nach ihrer Festnahme unvermeidlich hingerichtet wurden. In den drei Jahrhunderten bis zu Konstantins Toleranzedikt gab es auch längere Perioden, in denen Christen ziemlich ungestört ihre Religion ausüben konnten, dabei zuweilen Glaubensgenossen oder zumindest Gönner auch in der Kaiserfamilie hatten und Staatsposten einnehmen konnten. In Wellen kam es jedoch immer wieder zu Verfolgungen, die aber ebenfalls nicht immer gleich weit gingen und auch nicht im ganzen Imperium mit einheitlicher Konsequenz durchgeführt wurden.

Nachdem zahlreiche christliche Gemeinden, darunter auch in Rom selbst, einige Jahrzehnte vergleichsweise unbehelligt geblieben waren, setzte im Jahre 64 unter Nero eine sehr grausame Verfolgung ein; Anlass war der große Brand der Stadt, für die der Kaiser die Christen als Schuldige ausgemacht hatte und unter anderem als lebende Fackeln zur Volksbelustigung aufstellte. Im Rahmen dieser ersten Hinrichtungswelle, die bis zum Tode Neros im Jahre 68 anhielt, kamen auch Petrus und Paulus zu Tode. Mit Ausnahme der Regierungszeit Domitians (81-96) fanden dann aber für einen relativ langen Zeitraum keine größeren und allgemeinen Christenverfolgungen statt. Zwar war Christsein an sich ein Strafbestand; vielfach wurde jedoch, einer Order Trajans (98-117) und einiger späterer Kaiser zufolge, auf ein staatliches Einschreiten verzichtet.

Eine zweite größere Welle der Christenverfolgung gab es Mitte des 3. Jahrhunderts durch Decius (249-251) und Valerian (253-260). Auch diese ging aber nicht so weit, dass eine regelrechte Abschwörung vom Christentum erzwungen wurde. Verlangt wurde lediglich ein Bekenntnis zur Staatsreligion durch eine (einmalige) Opferung an die Götter. Dies konnte aber bereits durch den kleinen Akt des Verbrennens von Weihrauch geschehen, und zudem war es offenbar vergleichsweise leicht, ohne eine solche Handlung eine Opferbescheinigung zu erhalten.

Als härteste Christenverfolgung wird die letzte unter Diokletian (284-305) angesehen, die aber erst um 303 ihre sehr scharfe Form annahm: Kirchen wurden verbrannt, Versammlungen und Gottesdienstfeiern verboten, den Christen wurden die bürgerlichen Ehrenrechte entzogen; der Opferzwang, der für alle Christen galt, konnte weniger leicht als in früheren Perioden umgangen werden. Was den Kaiser, dessen Frau und Tochter als Christinnen galten, zu diesen drastischen Maßnahmen gebracht hatte, ist letztlich unklar geblieben. Nach Diokletians Tod wurden die Verfolgungen weitgehend eingestellt, zuerst im Westen, dann auch im Osten, und hörten mit Konstantins Mailänder Toleranzedikt (313) schließlich endgültig auf.

So verworren wie der Ablauf der Christenverfolgungen in den verschiedenen Teilen des römischen Imperiums war, so unklar scheint auch die Rechtsgrundlage, auf der sie geschahen. Dass die Zugehörigkeit zum Christentum an sich strafbar war (wenn dies auch oft nicht behördlich verfolgt wurde), wirkt im prinzipiell religiös keineswegs intoleranten römischen Reich geradezu erstaunlich. Wahrscheinlich war es weniger der Inhalt der Religion (welcher vielen Römern nur kurios vorgekommen sein dürfte) als der Universalitätsanspruch des Christentums, der sie von den zahlreichen lokalen Glaubensgemeinschaften, etwa der jüdischen, unterschied und in mancher Hinsicht den Eindruck eines Staates im Staat machte. Hinzu kam, dass die Christen den Kaiserkult, der den Herrscher in eine göttliche Stellung hob, ablehnen mussten, was sicher nicht eine geringe Rolle bei den Verfolgungen spielte; man sieht es daran, dass formale Opferhandlungen und die damit verbundene Anerkennung des kaiserlichen Gottesstatus meistens genügten, um im Weiteren unbehelligt zu bleiben.

Möchte man auf eine Innenbesichtigung des Kolosseums verzichten (oder hat sie gerade abgeschlossen), geht man zu dem nahe seiner Südwestecke gelegenen Konstantinsbogen, einem der besterhaltenen antiken Monumente;

Einbau in ein Klostergebäude hatten es vor den üblichen mittelalterlichen Plünderungen seiner Bausubstanz bewahrt.

Dieser Bogen, der 315 anlässlich Konstantins Siegs über seinen Mitkaiser Maxentius errichtet wurde, besteht aus einem höheren mittleren und zwei seitlichen Durchgängen. In den Feldern über den Bögen sind auf beiden Seiten Reliefs und Inschriften angebracht; interessanterweise stammen viele der Darstellungen von älteren römischen Werken, die von ihrem ursprünglichen Platz entfernt und rücksichtslos in ihren Maßen dem neuen Träger angepasst wurden. So sind etwa Szenen aus der Herrschaftszeit des Marc Aurel zu sehen, der eineinhalb Jahrhunderte zuvor gelebt hatte. Die Reliefs aus der Zeit Konstantins zeigen den Herrscher und seinen oströmischen Mitregenten unter anderem bei diversen Alltagsbeschäftigungen. Dem Geschehnis, welches die Errichtung des Monuments zur Folge hatte, dem Sieg Konstantins über seinen weströmischen Mitregenten Maxentius an der Milvischen Brücke, ist gerade eine mittelgroße längliche Platte an der südlichen (dem Kolosseum abgewandten) Seite des Triumphbogens direkt über dem rechten Seitendurchgang gewidmet (Darstellung im Fluss ertrinkender Soldaten). Dieses nur lokalpolitisch von Bedeutung erscheinende Ereignis hatte insofern jedoch weittragende Bedeutung, als Konstantin aufgrund der Umstände seines Sieges den Christen Religionsfreiheit zubilligte und sie im Weiteren tatkräftig förderte, damit der Ausbreitung dieser Religion entscheidend Vorschub leistete.

XXII

Konstantins Sieg an der Milvischen Brücke und das Toleranzedikt von Mailand

Unter Diokletian wurde das römische Reich praktisch viergeteilt: Es herrschten im Osten und Westen jeweils ein Kaiser (mit dem Titel Augustus), von denen jeder einen Mitregenten hatte. Als wenige Jahre später der in Trier residierende Konstantin und der in Rom herrschende Maxentius gleichzeitig Anspruch auf den Titel des weströmischen Augustus erhoben, suchte Konstantin die Entscheidung im Feld und zog mit einem (vergleichsweise kleinen) Heer vor die Tore Roms. Wenige Tage vor der entscheidenden Begegnung hatte Konstantin, so berichtete er später seinem Biographen, dem Bischof Eusebius von Caesarea, ein Kreuzzeichen am Himmel gesehen zusammen mit einer Schrift „In hoc signo vince" („In diesem Zeichen siege"; auch „vinces" = du wirst siegen, findet man in der Literatur; die Botschaft war ohnehin in Griechisch abgefasst). Darauf ließ er Standartenhalter in Kreuzesform anfertigen und brachte zudem noch das Christusmonogramm auf ihnen an, ein mit einem (P = R) verschränktes (X = Ch). Am Tag der Schlacht hatte Maxentius die Milvische Brücke hinter sich abreißen lassen, um seinem Heer einen Rückzug unmöglich zu machen und stürzte zurückweichend mit vielen seiner Soldaten in den Tiber (312).

Kurz darauf (313) erließ Konstantin zusammen mit seinem oströmischen Mitkaiser und Schwager Licinius das Edikt von Mailand, welches den Christen ebenso wie Angehörigen anderer Religionen freie Ausübung ihres Glaubens zusicherte. Er selbst machte der Kirche reiche Schenkungen, so etwa das Gebiet der Familie Laterani, wo Lateranbasilika und der Lateranpalast als Sitz der römischen Bischöfe erbaut wurden. Beim Bau der Petersbasilika soll Konstantin die ersten Eimer Erde selbst geschleppt haben. Für die etwa zehn Jahre zuvor unter Diokletian noch grausam verfolgten Christen ergab sich nun eine völlig neue Situation, die aber nicht nur Vorteile hatte: Konstantin mischte sich entschieden auch in theologische Angelegenheiten, so etwa bei dem von ihm eingerufenen Konzil von Nikäa (325) in der Nähe von Konstantinopel (wohin der Kaiser seinen Sitz verlegt hatte). Konstantin ließ sich übrigens erst kurz vor seinem Tod taufen. Staatreligion wurde das Christentum ein halbes Jahrhundert später unter Kaiser Theodosius (380).

Man geht nun auf die andere (östliche) Schmalseite des Kolosseums und biegt in die Via di San Giovanni in Laterano ein, an deren Ende bereits der Obelisk auf der Piazza di San Giovanni in Laterano zu sehen ist. Nach wenigen hundert Metern stößt man links auf die Kirche San Clemente, die aus einer Ober- und einer Unterkirche besteht, welche wiederum auf einem römischen Haus mit einem Mithrasheiligtum aus dem 2. Jahrhundert erbaut ist.

Nach Eintritt in die Oberkirche empfiehlt es sich, sie zunächst wieder durch die der Apsis gegenüberliegende Tür zu verlassen, um so systematischer den Eindruck vom Aufbau einer frühchristlichen Basilika zu erhalten. In den großen Hof führt von der Piazza San Clemente auch ein (nicht immer geöffnetes) Tor, dem (hofseitig) eine kleine Halle vorgelagert ist. Der Reinigungsbrunnen aus dem 18. Jahrhundert steht an der Stelle eines sehr viel älteren. Zurück in der Kirche kommt man in den dreischiffigen Gemeinderaum mit der Schola Cantorum (Sängerschule), dem umgrenzten Raum für den Chor; für diese Chorschranken wurden ältere Teile aus der Unterkirche verwendet. Man beachte den schönen Osterleuchter, eine Kosmatenarbeit (s. Stichwort Kosmatenarbeiten beim 10. Rundgang). Die Schranke, welche die Apsis vom Gemeinderaum abtrennt, wurde ebenfalls aus der Unterkirche übernommen und ist ein Werk aus dem 6. Jahrhundert. Bischofsstuhl und Altarbaldachin stammen aus dem 12. Jahrhundert. Die Mosaiken des den Gemeinderaum abschließenden Triumphbogens und der Apsis sind vermutlich gleichfalls in dieser Zeit angefertigt worden. Das Apsismosaik stellt den Triumph des Kreuzes dar. Zu beiden Seiten des Gekreuzigten stehen Maria und Johannes, die 12 Tauben auf den Kreuzbalken sollen die Apostel symbolisieren. Im üppigen Rankenwerk sitzen die vier Kirchenlehrer, dazwischen sind Gruppen von Gläubigen dargestellt. Nach unten begrenzt ein Band mit Darstellungen des Gotteslamms das Apsismosaik.

Vom rechten Seitenschiff aus führt der Eingang in die Sakristei, in der auch die Eintrittskarten für die Unterkirche verkauft werden. Man betritt diese an der Ostseite. Die Unterkirche dürfte im Wesentlichen ein Bauwerk des 4. Jahrhunderts sein und steht auf älteren Resten, die noch in die republikanische Zeit zurückgehen. Ob sich hier das Elternhaus des Papstes Klemens, des dritten Petrusnachfolgers, befand, ist umstritten. Nachdem die Unterkirche durch den Normanneneinfall (1084) zerstört wurde, gab man sie auf, entnahm ihr wertvolle Stücke und schüttete sie teilweise zu. Wiederentdeckt wurde sie in der Mitte des 19. Jahrhunderts; bei ihrer Freilegung mussten zur Stützung der Oberkirche zusätzliche Pfeiler eingezogen werden, die das Gesamtbild notgedrungen zerstören; hinzu kommt, dass bereits beim Bau der Oberkirche die Bögen zwischen den Säulen teilweise zugemauert wurden, womit der ursprüngliche Raumeindruck weitgehend verloren gegangen ist.

Bemerkenswert in der Unterkirche sind vor allem die Fresken, die zwischen 500 und 1100 entstanden. In der Vorhalle (Narthex), die man als ersten Raum betritt, stellen die Malereien Szenen aus der Legende des hl. Klemens dar. Erwähnt sei die Darstellung von der Überführung der Gebeine des Heiligen nach San Clemente. An der Hinterwand des

Mittelschiffs zeigt ein Fresko die Himmelfahrt; auf diesem Bild ist Leo IV. mit viereckigem Heiligenschein dargestellt, was ihn als Lebenden kennzeichnet; entsprechend ist die Arbeit im 9. Jahrhundert entstanden. Im rechten Seitenschiff ist eine Madonna in byzantinischem Stil, wohl aus dem 5. oder 6. Jahrhundert, zu sehen; auch die anderen Fresken in diesem Raum gehören zu den ältesten der Kirche.

Man versäume keinesfalls, das unterste Stockwerk zu besuchen, in welches Treppen vom westlichen, d. h. der Vorhalle entgegengesetzten Ende führen. Besonders lohnt die genauere Betrachtung eines Altars mit einer Darstellung des stiertötenden Gottes Mithras; er befindet sich in einem tonnenförmigen Raum mit breiten Bänken auf beiden Seiten, mutmaßlich für die Abhaltung ritueller Mahlzeiten.

Vor Verlassen der Oberkirche empfiehlt es sich noch, kurz die Kapelle der hl. Katharina links vor dem Ausgang zu besichtigen. Die Masolino oder Massaccio zugeschriebenen Fresken stellen ein Meisterwerk der Frührenaissance dar (um 1428) und demonstrieren eindrucksvoll die bemerkenswerten perspektivischen Fähigkeiten ihres Schöpfers.

Hinweis: San Clemente ist ebenso wie die nächste zu besichtigende Kirche Santi Quattro Coronati mittags geschlossen (i. A. von 12.00 bis 15.30); man berücksichtige dies bei der Planung. Eventuell kann es sinnvoll sein, die im nächsten Rundgang beschriebene Lateranbasilika, die durchgehend geöffnet ist, zuerst zu besuchen und dann noch einmal den kurzen Weg zu San Clemente und Santi Quattro Coronati zurückzugehen.

Auf der Höhe des östlichen Abschlusses von San Clemente führt die Via dei Querceti nach rechts; nach wenigen Metern biegt man nach links in die Via dei Santi Quattro, von der nach etwa 100 Metern rechterhand eine leicht zu übersehende Maueröffnung mit Treppen zur nahe gelegenen Kirche Santi Quattro Coronati (Heilige vier Gekrönte) abgeht. Durch einen Bogen im Glockenturm der wehrhaften Anlage gelangt man in zwei Innenhöfe, zwischen denen das Oratorium des hl. Silvester (Oratorio di San Silvestro) steht (Schlüssel an der Klosterpforte; ungünstig dafür sind die Mittagszeit und die Stunden des Gebets). In diesem kleinen Gebäude findet sich ein bemerkenswert gut erhaltener und sehr illustrativer Freskenzyklus aus dem Mittelalter. Er stellt in acht Szenen die so genannte Silvesterlegende mit ihren Geschehnissen dar, aus denen, hätten sie sich so zugetragen, tatsächlich eine besondere Stellung des Papstes und der rechtmäßige Besitz des Kirchenstaates abgeleitet werden könnten. Petrus und Paulus raten dem aussätzigen Kaiser Konstantin, Boten zum Monte Sorrate zu schicken, die dort Papst Silvester finden; dieser lässt den Kaiser die Bilder der Apostelfürsten verehren und heilt ihn durch die Taufe; Konstantin schenkt dem Papst die Herrschaft über Rom, überreicht dem Papst kniend die Tiara und führt dessen Pferd zum Lateran. Man nimmt an, dass der Bildzyklus im

13. Jahrhundert entstanden ist und die Funktion der Gegenpropaganda gegen Kaiser Friedrich II. hatte, der den weltlichen Vorrang des Papstes nicht anerkennen wollte. Auf den in der Silvesterlegende berichteten Ereignissen beruht wesentlich die Fabel von der Konstantinischen Schenkung, die dem Papst die weltliche Herrschaft über große Gebiete Italiens zubilligte.

XXIII

Die Konstantinische Schenkung

Diese Konstantinische Schenkung ist Inhalt einer angeblichen Urkunde, mit der Kaiser Konstantin, als er 330 nach Konstantinopel übersiedelte, Papst Silvester und dem Heiligen Stuhl die Herrschaft über die ganze westliche Reichshälfte übertragen haben soll (bzw. vorsichtiger interpretiert: über Rom und Teile Italiens). Diese Urkunde, die allgemein von Historikern aller Konfessionen als Fälschung betrachtet wird, ist selbst nie aufgetaucht, sondern findet sich als Abschrift zuerst in den Pseudoisidorischen Dekretalen, einer Sammlung von weitgehend gefälschten Papstbriefen und Erlassen, die um die Mitte des 9. Jahrhunderts entstanden sind. Die angebliche Schenkungsurkunde des Konstantin datiert man ins 8. Jahrhundert; sie könnte in den Kanzleien Stephans II. (757-767) oder Pauls I. (757-767) angefertigt worden sein und zwar im Zusammenhang mit oströmischen Gebietsansprüchen in Italien, die dadurch zurückgewiesen werden sollten. Inhaltlich basiert sie wieder auf der Silvesterlegende aus dem 5. Jahrhundert, der zufolge der durch den Papst vom Aussatz geheilte Konstantin der römischen Kirche die genannten Gebiete zur Herrschaft überlassen habe.

Die Entlarvung der Konstantinischen Schenkung als Fälschung geht im Übrigen nicht auf protestantische Kirchenhistoriker zurück, sondern geschah schon zu Beginn des 15. Jahrhunderts durch Lorenzo Valla und Nikolaus von Kues.

Die Kirche selbst geht auf das 9. Jahrhundert zurück und ist vier Steinmetzen (nach einer anderen Version vier römischen Soldaten) gewidmet, die als Märtyrer durch in den Kopf getriebene Kronen zu Tode gebracht worden sein sollen. Barocke Fresken in der Apsis stellen die Legende dar (s. Anmerkung 6); in der Krypta befinden sich vier Sarkophage mit den angeblichen Überresten. Nach Besichtigung des schönen Kreuzganges geht man wieder in Richtung San Clemente und biegt nach rechts in die Via di San Giovanni in Laterano ein. Die dazu etwa parallel verlaufende Via dei SS. Quattro soll von den Päpsten des Mittelalters für lange Zeit auf ihren Prozessionen zwischen Petersbasilika und Lateran gemieden worden sein, angeblich weil dort während eines Umzuges die Päpstin Johanna mit einem Kind niedergekommen sei. Die eigenartige Statue einer in Gewänder gehüllten Frau mit einem Kind Kindes, die sich dort für einige Jahrhunderte bis zur Entfernung durch Sixtus V. befunden haben soll, wird als weitere Bestätigung des Vorkommnisses gesehen.

Die geräumige Kreuzung der Straßen Via dei Querceti und Via dei SS. Quattro trug im Volksmund lange die Bezeichnung Vicus Papissae (Platz der Päpstin) und die dort stehende rote Kapelle könnte den Stelle bezeichnet haben, wo die ominöse Statue gestanden haben soll und damit wiederum den Ort der schändlichen Niederkunft. Wir bewegen uns im faszinierenden mystischen Dunkel, aus dem so herrlich wahr klingende Geschichten gemacht werden können.

XXIV

Die Fabel von der Päpstin Johanna

In die Mitte des 9. Jahrhunderts wird der Pontifikat dieser sagenhaften Päpstin Johanna gelegt, die gerade in letzter Zeit wieder in das allgemeine Interesse gerückt ist. Als Mann verkleidet soll sie zum Papst gewählt, dann allerdings während einer Prozession von Wehen befallen worden sein und auf offener Straße ein Kind geboren haben; für viele Jahrhunderte danach haben angeblich die Päpste die Straße des peinlichen Vorfalls (vermutlich die heutige Via die SS. Quattro) bei ihren Prozessionen gemieden. Die Berichte unterscheiden sich allerdings nicht unwesentlich: Nach einer Version hat die Geburt unmittelbar nach der Wahl, nach anderen Quellen erst nach Jahren eines unauffälligen und effizienten Pontifikats stattgefunden; einigen Berichten zufolge soll Johanna umgehend vom aufgebrachten Volk gesteinigt worden sein, laut anderen sich lediglich zerknirscht ins Privatleben zurückgezogen haben.

Man geht mittlerweile ziemlich übereinstimmend davon aus, dass es sich um eine Fabel handelt. Abgesehen von der Unwahrscheinlichkeit des Ereignisses (s. Anmerkung 7) ist vor allem auffällig, dass die Päpstin Johanna in den Chroniken des 9. und 10. Jahrhunderts nicht erwähnt wird;

sie taucht erst um 1250 in der Literatur auf, wobei diese Geschichtsversion wohl auf papstkritische Ordenskreise zurückgeht. Immerhin scheint ihre Existenz in den folgenden Jahrhunderten kaum mehr bezweifelt worden zu sein: In einer Reihe von Papstbüsten, die um 1400 im Dom von Siena aufgestellt wurden, befindet sich auch die einer Päpstin Johanna; bei seinen Disputationen während des Konstanzer Konzils 1415 verweist Johannes Hus auf diese Frau auf dem Stuhl Petri. Auch wird von einem mittelalterlichen Brauch berichtet, demzufolge sich der Papst bei seiner Inthronisation auf einen (heute noch gezeigten) durchbrochenen Stuhl setzen musste. Ob dies allerdings geschah, um seine Genitalien inspizieren zu können oder andere Gründe hatte, lässt sich nicht mehr feststellen. Spätestens seit Beginn des 15. Jahrhunderts ist der Brauch, sollte er je existiert haben, restlos verschwunden. Dass dies heute noch bei Inthronisationen geschieht, wie zuweilen zu lesen, ist natürlich falsch. Eine Legende ist auch, dass für die Regierungszeit der Johanna die Liste der Päpste eine Lücke aufweist: Auf den im Juni 855 verstorbenen Leo IV., den Vorgänger der angeblichen Päpstin, folgt im September desselben Jahres Benedikt III.

Man erreicht nun bald die Piazza di San Giovanni in Laterano mit dem unter Sixtus V. aufgestellten Obelisken. Von dort aus sieht man schräg links den Lateranpalast, die Fassade des Querschiffes der Lateranbasilika sowie anschließend rechts das Baptisterium.

9. Rundgang: Lateran

Lateran

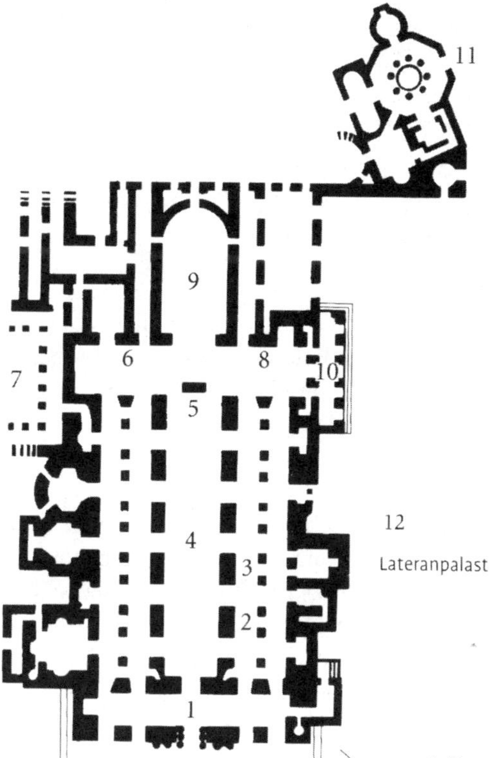

Grundriss der Lateranbasilika und der umgebenden Gebäude

9. Rundgang

1. Vorhalle mit Statue Konstantins und Porta Santa
2. Fresko, die Verkündung des Heiligen Jahres 1300 darstellend
3. Scheingrabmal für Silvester II.
4. Mittelschiff; besonders zu beachten die Apostelstatuen in den Nischen
5. Papstaltar mit Confessio; Grab Martins V.
6. Grabmal Leos XIII.
7. Kreuzgang mit Lateranmuseum
8. Grabmal Innozenz' III.
9. Presbyterium (Apsis)
10. Vorhalle des rechten Querschiffs
11. Baptisterium
12. Lateranpalast

Auf diesem Spaziergang wird vor allem die Lateranbasilika (San Giovanni in Laterano) besichtigt, formal die wichtigste Kirche der katholischen Welt (noch vor dem Petersdom); zu dem Komplex gehören außerdem der (nur selten von innen zu besichtigende) Lateranpalast, das Baptisterium und die Kapelle Sancta sanctorum mit der Scala sancta (italienisch: Scala santa = heilige Treppe). Man beachte bei der Planung, dass Scala santa und die Sancta sanctorum-Kapelle von 12.00 bis 15.00 (bzw. 15.30) geschlossen sind.

Der altrömischen Familie der Laterani gehörten offenbar nicht unbeträchtliche Besitztümer im Rom der frühen Kaiserzeit; diese wurden jedoch unter Nero konfisziert – angeblich weil die Familie an einem Aufstand gegen ihn beteiligt war – und blieben seitdem in kaiserlichem Besitz. Konstantin schenkte nach dem Edikt von Mailand (s. Stichwort Konstantins Sieg an der Milvischen Brücke und das Toleranzedikt von Mailand) dem Papst Miltiades (311-314) und der römischen Kirche weite Areale mit der Auflage, dort ein stattliches Gotteshaus zu bauen. So entstand – noch vor St. Peter – die dem Erlöser (später dem Jünger Johannes und zugleich Johannes dem Täufer) geweihte Lateranbasilika als Bischofskirche; gleichzeitig wurde der Lateranpalast als Sitz der Päpste errichtet und blieb es etwa ein Jahrtausend, bis im beginnenden 14. Jahrhundert die Residenz für etwa 70 Jahre nach Avignon verlegt wurde (s. Stichwort Das Exil der Päpste in Avignon und das abendländische Schisma). Nach ihrer Rückkehr residierten die Päpste nicht mehr im Lateranpalast, der mittlerweile abgebrannt war und einen völligen, erst zwei Jahrhunderte später durchgeführten Neubau erforderte; statt dessen verlegten sie ihren Sitz in die Nähe der Peterskirche und erweiterten großzügig den dort im Kern vorhandenen Vatikanpalast. Seit dieser Zeit steht die Lateranbasilika, obwohl ihr formal übergeordnet, im Schatten von Sankt Peter (s. Stichwort: Lateranbasilika und Petersdom: eine Gegenüberstellung).

Steht man auf der Piazza di San Giovanni in Laterano mit dem Obelisken, so sieht man von der Basilika lediglich die immer noch imponierend große Fassade des rechten Querschiffs. Um zum Haupteingang und damit direkt ins Längsschiff zu gelangen, muss man um den Lateranpalast herumgehen (also sich nach links wenden) und befindet sich dann auf der Piazza di Porta San Giovanni und vor der mächtigen Hauptfassade von San Giovanni in Laterano (St. Johann im Lateran). Sie stammt aus der späten Barockzeit

(1734-1736) und ist nur eine der vielen Neuerungen an dem alten konstantinischen Bau. Die zweigeschossige Fassade ist mittels durchgehender Pfeiler in sechs vertikale Abschnitte gegliedert; auf der Brüstung stehen große Figuren von Heiligen. Beiderseits des Haupteingangs sind Tafeln angebracht mit der Inschrift, dass es sich bei San Giovanni in Laterano um „die Mutter und das Haupt sämtlicher Kirchen der Stadt und des Erdkreises“ (Omnium urbis et orbis ecclesiarum mater et caput) handelt, eine Kennzeichnung, welche man unwillkürlich Sankt Peter verleihen würde.

XXV

Lateranbasilika und Petersdom: eine Gegenüberstellung

Beide Basiliken gehen auf Stiftungen Konstantins zurück, wobei die Lateranbasilika die etwas ältere ist. Bei ihr hat die Stelle der Erbauung offenbar keine kultische Bedeutung gehabt; es handelt sich lediglich um ein günstig in der Stadt gelegenes, relativ ausgedehntes Gebiet, welches der Kaiser ohne größere Schwierigkeiten abgeben konnte. Der Ort des Petersdoms war von vornherein sehr viel bedeutsamerer Boden, allerdings vor den Mauern der Stadt gelegen; erst unter Leo IV. im 9. Jahrhundert wurde nach den Sarazeneneinfällen auch das Gebiet um die Vatikanischen Hügel befestigt. Dass die Päpste die (übrigens damals schon kleinere) Erlöserkirche im Lateran zu ihrer Bischofskirche wählten und daneben ihren Palast erbauen ließen, dürfte somit rein pragmatisch entschieden worden sein. Sankt Peter mit dem Grab des Apostels hat als Gotteshaus zweifellos immer herausragende Bedeutung gehabt; man denke an die dort erfolgte Kaiserkrönung Karls des Großen.

Als die Päpste aus dem Exil von Avignon zurückkehrten und den Lateranpalast abgebrannt fanden (s. Stichwort Das Exil der Päpste in Avignon und das abendländische Schis-

ma), dürfte wenig dafür gesprochen haben, ihn sofort wieder aufzubauen. Es war nahe liegender, an der mittlerweile von Stadtmauern umgebenen Peterskirche eine neue Residenz zu errichten beziehungsweise die dort schon vorhandenen Gebäude zu erweitern.

Dennoch ist San Giovanni in Laterano nach wie vor die Kirche des Papstes in seiner Eigenschaft als Bischof der Stadt Rom; konsequenterweise ist auch die Diozesanverwaltung im Lateranpalast untergebracht. Das römische Bischofsamt tritt jedoch gegenüber der anderen Aufgabe des Papstes, Oberhaupt der katholischen Kirche zu sein, de facto weit zurück. In dieser letzteren Funktion dient ihm Sankt Peter als Kirche, wo auch die großen weltöffentlichen liturgischen Feiern (Inthronisation des Papstes, Weihnachts- und Ostermesse, Segen Urbi et Orbi) stattfinden.

In der großen Vorhalle (1) steht eine Statue Konstantins (des Stifters der Basilika); die Porta Santa ist die am weitesten rechts gelegene der fünf Türen. Die Türflügel des großen Mittelportals sind im Kern antik, mussten jedoch vergrößert werden, um in das neue Portal nach dem Umbau zu passen. Beim Betreten der 130 m langen Kirche herrscht der Eindruck eines im Wesentlichen barocken Innenraums, obwohl die Basilika mit ihren fünf Schiffen im Grundriss seit Konstantins Zeiten nicht wesentlich verändert wurde. Sie hatte im Laufe der vielen Jahrhunderte an verschiedenen Stellen Schaden genommen, auch ein vollständiger Abriss schien zwischenzeitlich zur Diskussion gestanden zu haben. Anlässlich des Heiligen Jahres 1650 entschloss sich Innozenz X., die antike Substanz zu erhalten und den berühmten Barockbaumeister Borromini (den langjährigen Kontrahenten Berninis) lediglich mit einer grundlegenden Modernisierung zu beauftragen. Eine wesentliche Veränderung Borrominis war, die zahlreichen ursprünglichen Marmorsäulen durch wenige mächtige Pfeiler zu ersetzen, sicher auch aus statischen Gründen. Der Eindruck des barocken Raums wird jedoch durch die unter Leo XIII. um 1880 vergrößerte Apsis gestört; die Mosaiken im Apsisrund stammen zwar im Prinzip noch aus dem Ende des 13. Jahrhunderts und wurden nach der Erweiterung wieder angebracht; im Wesentlichen handelt es aber nun um Nachbildungen alter Mosaiken. Die Malereien der Apsiswände (des Presbyteriums) sind im ausgehenden 19. Jahrhundert entstanden und fügen sich schlecht in den sonst bewusst kühlen und weiß gehaltenen Raum ein.

Die Basilika enthält zahlreiche Grabdenkmäler, allerdings von in der Regel wenig berühmten Personen; sie sind auch zumeist von nicht allzu hohem künstlerischeren Wert, allein schon deshalb, weil Borromini an älteren Grabdenkmälern teilweise größere Veränderungen vornahm. Im rechten inneren Seitenschiff beachte man am ersten Pfeiler ein Fresko (2), welches Giotto zugeschrieben wird und die Verkündung des ersten Heiligen Jahres 1300 durch Bonifaz

VIII. darstellt (s. Stichwort Heiliges Jahr und Heilige Pforte). Am nächsten Pfeiler (3) findet sich das Scheingrabmal (Kenotaph) für Gerbert von Aurillac, den Papst Silvester II. (999-1003), einen äußerst gelehrten und vielseitig begabten Mann; die Sage erklärt seine Fähigkeiten mit einem Teufelspakt. Auch nach seinem Tode sollen die (an anderer Stelle der Lateranbasilika bestatteten) Gebeine nicht zur Ruhe kommen: Durch ihr Klappern, heißt es, werde der bevorstehende Tod eines Papstes angekündigt. Eine alte Inschrift im modernen Grabmal weist auf diesen Sachverhalt hin.

Man begibt sich nun ins Mittelschiff (4) zurück und geht in Richtung Papstaltar. Dabei sind zum einen die großen barocken Apostelfiguren in den Pfeilernischen zu beachten, zum anderen die Decke, die bereits Mitte des 16. Jahrhunderts angefertigt wurde. Der Papstaltar (5) liegt wie in den anderen Patriarchalbasiliken erhöht; er ist von einem Baldachin überragt, der um 1370 angefertigt wurde. In der Confessio, dem Hohlraum unter dem Altar, befindet sich das Grab Martins V. (1417-1431), der nach Absetzung dreier anderer Päpste auf dem Konzil zu Konstanz gewählt wurde und mit dessen Pontifikat das sogenannte abendländische Schisma ein Ende fand. Die Grabplatte ist möglicherweise ein Werk des Florentiner Bildhauers Donatello.

XXVI

Das Exil der Päpste in Avignon und das abendländische Schisma

Während des Pontifikats von Bonifaz VIII. (1294-1303) war es zu heftigen Auseinandersetzungen mit dem französischen König gekommen, in die sich auf beiden Seiten auch römische Adelsfamilien einmischten. Nachdem der Nachfolger Bonifaz', Benedikt XI., der letzte italienische Papst für viele Jahre, nur kurz regiert hatte, gelang es im nächsten Konklave der dem französischen König gesonnenen Kardinalspartei, den Erzbischof von Bordeaux wählen zu lassen. Er nannte sich Klemens V. (1305-1314) und zog nach der Wahl nicht nach Rom, sondern nach Avignon in Südfrankreich; indem Klemens bei seinen Kardinalsernennungen fast ausschließlich Franzosen berücksichtigte, hatten diese künftig im Konklave die Mehrheit und wählten ihrerseits wieder französische Päpste, die in Avignon unter dem Einfluss der französischen Könige blieben. Erst Gregor XI. (1370-1378) zog auf zahlreiche Bitten schließlich nach Rom, wo er bald verstarb. Im anschließenden Konklave im Vatikan wurden die mehrheitlich französischen Kardinäle durch die Bevölkerung so unter Druck gesetzt, dass sie für einen Italiener als Papst stimmten (Urban VI.). Sicher zurück auf französi-

schem Boden erklärten sie die Wahl für ungültig und wählten nun ihrerseits den Kardinal von Genf zum Papst, der sich Klemens VII. nannte. Damit gab es also zwei Reihen von Päpsten: In Avignon folgte auf Klemens VII. Benedikt XIII., in Rom gab eine Reihe von kurzen Pontifikaten, zuletzt das von Gregor XII. Diese Zeit zweier nebeneinander residierender Päpste, die immerhin von 1378 bis 1415 dauerte, wird als abendländisches Schisma bezeichnet (im Gegensatz zum morgenländischen Schisma von 1054, der Abtrennung der Ostkirche). Der Sachverhalt wurde noch komplizierter, als auf dem Konzil von Pisa Kardinäle beider päpstlicher Lager einen dritten Papst wählten, nämlich Johannes XXIII. Erst das Konzil von Konstanz (1415-1418) beendete diesen Zustand: Der neunzigjährige römische Papst Gregor dankte 1415 auf Druck ab, Johannes wurde 1415, Benedikt 1417 für abgesetzt erklärt. Gewählt wurde ein römischer Adliger, der sich Martin V. (1417-1431) nannte und die endgültige Rückkehr der Päpste nach Rom einleitete.

Im linken Querschiff ist unter anderem das Grabmal Leo XIII. (1878-1903) zu sehen, des letzten außerhalb der Peterskirche bestatteten Papstes (6), weiter der Ende des 16. Jahrhunderts errichtete Sakramentsaltar am Ende des Querschiffarms. Geht man im äußersten linken Seitenschiff zurück in Richtung Ausgang, so gelangt man nach wenigen Metern rechterhand zu einem Vorraum, der in den Kreuzgang (7) führt (Gebühr). Dieser gilt als einer der schönsten

Roms und ist in den ersten Jahrzehnten des 13. Jahrhunderts entstanden. Schmuck der Säulen und Architrave ist wertvolle Kosmatenarbeit (s. Stichwort Kosmatenarbeiten).

Im Kreuzgang befindet sich auch das Lateranmuseum, in dem unter anderem einer der Stühle gezeigt wird, der angeblich für Jahrhunderte der Geschlechtsprüfung bei der Inthronisation der Päpste gedient haben soll (s. Stichwort Die Inthronisation des Papstes). Es handelt sich um einen von Säulen flankierten Thron, in dessen Sitzfläche sich eine etwa daumendicke runde Öffnung befindet; dass damit eine sehr eingehende Prüfung möglich war, lässt sich bezweifeln. (Allerdings existieren auch zwei tatsächlich „durchbrochene" Stühle, nämlich in den Vatikanischen Sammlungen und im Louvre.)

Nach Besichtigung des Kreuzganges geht man am besten durch das rechte Querschiff zum Seitenausgang. Man beachte dort neben dem Presbyterium das moderne Grabmal (8) für Innozenz III. Leo XIII. hatte die Gebeine des in Perugia Bestatteten in die Lateranbasilika überführen lassen. Die Malereien im Presbyterium (9) stellen Szenen aus dem Leben von Papst Innozenz dar, unter anderem die Gründungsbestätigungen für die Orden der Franziskaner und Dominikaner.

XXVII

Innozenz III.

Unter Innozenz III. (1198-1216) stand das mittelalterliche Papsttum auf seiner vollen Höhe. Als er mit erst 37 Jahren zum Papst gewählt wurde, hatte Lothar von Segni nicht nur eine ausgezeichnete theologische Ausbildung genossen, sondern war auch angesehener Jurist (wie übrigens viele Päpste bis in die Neuzeit hinein). Einer Auffassung folgend, die sich bereits unter Gregor VII. ein Jahrhundert zuvor angedeutet hatte, pflegte Innozenz eine ausgesprochen feste Meinung vom Wesen des Papsttums: Der Papst, sagt er in der Predigt bei seiner Inthronisation, sei in die Mitte gestellt zwischen Gott und Menschen, geringer als Gott, aber größer als der Mensch. Unter Innozenz wurde auch der alte Titel „vicarius beati Petri" (Stellvertreter des seligen Petrus) umgewandelt in den noch heute gebrauchten „vicarius Christi" (Stellvertreter Christi). Rasch holte er verlorene Gebiete zurück und fügte neue hinzu, sodass die Fläche des Kirchenstaates fast auf das Doppelte wuchs. Auch auf die Wahl des deutschen Königs nahm der Papst Einfluss: Zunächst unterstützte er den Welfen Otto IV., ließ ihn aber dann fallen und belegte ihn mit dem Bann, um die Wahl seines Mündels Friedrich II. durchzusetzen. In die Geschichte ging Innozenz

III. zudem ein durch die während seines Pontifikats erfolgten Ordensgründungen der Franziskaner und Dominikaner, weiter durch die Einberufung des großen IV. Laterankonzils (1215). Wenig erfolgreich war Innozenz jedoch bei dem von ihm angeregten 4. Kreuzzug: Statt Jerusalem zu befreien, eroberten und plünderten die Kreuzritter Konstantinopel.

Nach Verlassen des rechten Querschiffs durch die eindrucksvolle Vorhalle (10) gelangt man direkt in das linkerhand gelegene Baptisterium (San Giovanni in Fonte), welches als älteste Taufkirche der Christenheit angesehen wird (11). Die achteckige Hauptkapelle geht zwar in ihrer Grundstruktur auf frühchristliche Zeiten zurück, imponiert im Wesentlichen aber als barocker Raum. Frühchristliche Bausubstanz ist leichter in den drei Seitenkapellen zu erkennen, in denen sich auch sehr alte Mosaiken (teilweise aus dem 5. Jahrhundert) befinden.

Der Lateranpalast (12), welcher dem rechten Seitenschiff der Basilika angebaut ist, geht auf einen Bau aus konstantinischer Zeit zurück, der den Päpsten fast für ein Jahrtausend als Residenz diente (nämlich bis 1305, als Klemens V. nach Avignon übersiedelte). Bald danach (1308) brannte das Bauwerk fast vollständig aus und wurde erst Ende des 16. Jahrhunderts unter Sixtus V. in deutlich kleineren Ausmaßen wieder aufgebaut. Vom alten Palast ist nur eine Kapelle (Sancta sanctorum) vorhanden, die in einem separaten Gebäude steht und durch eine ebenfalls im alten Laterangebäude schon vorhandene Treppe (Scala sancta) zu erreichen ist.

Um dieses Gebäude, die Kirche des Heiligen Erlösers von der Heiligen Treppe (S. Salvatore della Scala Santa), vom Baptisterium aus zu erreichen, geht man um den Lateranpalast herum und überquert von seiner Ostecke die Piazza di Porta San Giovanni und die sie begrenzende vielbefahrene Straße. Die Kapelle Sancta sanctorum (zu Deutsch: Kapelle des Allerheiligsten), auch Cappella di San Lorenzo genannt, liegt im ersten Stockwerk eines nicht abgerissenen Teils des alten Palastes. Es handelt sich um die Privatkapelle der Päpste, in der über viele Jahrhunderte besonders bedeutende Reliquien aufbewahrt wurden. Erreicht wird sie über die Scala Santa (Heilige Treppe), die von einem anderen Teil des Palastes vor dem Abriss entfernt wurde. Diese Treppe soll von der hl. Helena, der Mutter Konstantins, aus dem Palast des Pilatus in Jerusalem nach Rom gebracht worden sein; der Tradition nach ist Jesus diese Treppe hochgestiegen, um Pilatus vorgeführt zu werden („Ecce homo"). Die Treppe ist mit Holz verkleidet; man kann sie nur auf Knien ersteigen. Besonders während der Karwoche wird dieser Brauch gepflegt. Zu beiden Seiten befinden sich bequeme Treppen für den normalen Auf- und Abstieg.

Die Sancta sanctorum-Kapelle lässt sich nur von außen durch ein Gitter betrachten. Ihre Ausstattung stellt eine ausgezeichnete Kosmatenarbeit aus dem 13. Jahrhundert dar (s.

Stichwort Kosmatenarbeiten). Neben zahlreichen Tabernakeln, die als Reliquiare (Reliquienbehälter) dienen, ist insbesondere ein Bild des Erlösers zu erwähnen, welches im 5. oder 6. Jahrhundert, vielleicht in Konstantinopel, entstanden sein dürfte. (Nach einer frommen Legende soll dieses Bild zum Schutz vor Bilderstürmern ins Meer geworfen und dann bei Rom angeschwemmt worden sein.) Eine lateinische Inschrift in der Kapelle besagt, dass es auf der ganzen Welt keinen heiligeren Ort gebe („Non est in toto sanctior orbe locus").

Man kann nun unmittelbar den 10. Rundgang mit Besichtigung der nahe gelegenen Kirche Santa Croce in Gerusalemme fortsetzen (eventuell auch nur diese Kirche besichtigen und die im Rahmen des 10. Rundgangs ebenfalls beschriebene Basilika San Lorenzo fuori le Mura bei anderer Gelegenheit besuchen).

10. Rundgang: Santa Croce in Gerusalemme und San Lorenzo fuori le Mura

Santa Croce und San Lorenzo

Diese beiden Kirchen werden zusammen besprochen, obwohl sie gewisse räumliche Distanz aufweisen (dem Lateran ist Santa Croce deutlich näher als der Basilika von San Lorenzo). Beiden Gotteshäusern ist gemeinsam, dass sie kirchengeschichtlich keine wesentliche Rolle gespielt haben und auch kaum Kunstschätze nennenswerten Ranges beherbergen. Ihre Bedeutung liegt vielmehr darin, dass sie zu den sieben Haupt- oder Pilgerkirchen zählen, deren Besuch für Wallfahrer lange verbindlich war.

XXVIII

Die sieben Haupt- oder Pilgerkirchen Roms

Spätestens seit dem 7. Jahrhundert wird von einer genau vorgeschriebenen Wallfahrt durch Rom berichtet, die stets den Besuch folgender Kirchen mit einschloss: Sankt Peter im Vatikan, Sankt Johann im Lateran, Santa Maria Maggiore, Sankt Paul vor den Mauern, Sankt Sebastian in den Katakomben, Sankt Lorenz vor den Mauern sowie die Kirche des Heiligen Kreuzes in Jerusalem (Santa Croce in Gerusalemme).

Mit dem ersten, durch Bonifaz VIII. 1300 ausgerufenen Heiligen Jahr (s. Stichwort Heiliges Jahr und Heilige Pforte) war mit der Romwallfahrt der vollkommene Ablass verbunden, der Nachlass aller zeitlichen Sündenstrafen. Sein Erhalt war neben inneren Bedingungen, welche die Pilger erfüllen mussten, an äußere Voraussetzungen geknüpft, nämlich an ein mehrmaliges Aufsuchen der Apostelgräber von St. Peter und St. Paul; einige Jahrzehnte später wurde zusätzlich der Besuch aller vier Patriarchalbasiliken vorgeschrieben (also außerdem von St. Johann im Lateran und von Santa Maria Maggiore) und schließlich Wallfahrt zu sämtlichen der genannten Pilgerkirchen gefordert. Eine Zeitlang scheint es üblich, vielleicht sogar zwingend vorgeschrieben gewesen zu sein, diese Stätten im Laufe eines einzigen Tages aufzusuchen.

Mittlerweile sind die Anforderungen sehr viel schwächer geworden: Zur Erlangung des vollkommenen Ablasses des Heiligen Jahres 1983 genügte es für die Rompilger, entweder eine der Patriarchalbasiliken oder Santa Croce in Gerusalemme oder eine der Katakomben zu besuchen.

Santa Croce in Gerusalemme erreicht man auf nicht allzu langem Wege vom Lateran durch den Viale Carlo Felice, der parallel zur alten, noch teilweise gut erhaltenen Aurelianischen Mauer läuft. Die Kirche geht in ihren Grundmauern auf das 4. Jahrhundert zurück. Sie erfuhr einen Umbau im 12. Jahrhundert, als auch der Campanile errichtet wurde; in der Mitte des 18. Jahrhunderts erfolgte eine wenig gelungene Barockisierung sowohl von innen wie von außen.

Vom Vorplatz aus gelangt man zunächst in eine mächtige ovale Vorhalle, von der ein Portal ins Mittelschiff führt. Die dreischiffige Basilika zeigt vom romanischen Bau nur noch einige (aus der Antike stammende) Granitsäulen sowie einen sehr schönen Fußboden, eine Kosmatenarbeit aus dem 12. Jahrhundert.

Von der Apsis führt rechts eine Treppe in die tiefergelegene Kapelle der hl. Helena, welche auf Erde vom Kalvarienberg errichtet worden sein soll (daher der Beiname „in Gerusalemme“ = „in Jerusalem“). Bemerkenswert ist das Gewölbemosaik, welches auf ein Original des 5. Jahrhunderts zurückgeht, aber nach ausgiebigen Restaurierungen als Arbeit des 15. und 16. Jahrhunderts angesehen werden muss. Es zeigt neben Christus, den Evangelisten sowie den Aposteln Petrus und Paulus Figuren des Papstes Silvester und der Helena, welche die in der Kirche aufbewahrten Reliquien aus Jerusalem hierher gebracht haben soll.

Diese Reliquien (Teile des Kreuzes, ein Kreuznagel, die Inschrift INRI sowie Dornen aus der Krone Christi) werden in der modern gestalteten Reliquienkapelle am Ende des linken Seitenschiffes gezeigt, die das Ziel zahlreicher Pilger ist.

Die nicht geringe Distanz zwischen Santa Croce in Gerusalemme und San Lorenzo fuori le Mura (etwa 2 km) lässt sich mit öffentlichen Verkehrsmitteln oder (weniger kompliziert) mit dem Taxi zurücklegen. Obwohl die Gegend nicht unbedingt ansprechend ist, macht es auch Sinn zu laufen, um einen Eindruck von jenen immensen Wegstrecken zu erhalten, die Pilger lange Zeit zurücklegen mussten – wie ausgeführt, sollten die sieben Pilgerkirchen sämtlich an einem Tag besucht werden (s. Stichwort Die sieben Haupt- und Pilgerkirchen Roms). Als Fußgänger gelangt man von Santa Croce in Gerusalemme zunächst durch die Via Eleniana zur Piazza di Porta Maggiore (mit der mächtigen Porta Maggiore, einem Tor der alten römischen Stadtmauer und der Basilica di Porta Maggiore, einem in seiner Funktion nicht eindeutig geklärten antiken Bau). Der Weg geht weiter über die Via di Scalo San Lorenzo zum großen Largo di Passamonti;

von dort führt die Via dei Reti, die sich in die Via Tiburtina fortsetzt, schließlich zum Piazzale San Lorenzo, an dem einerseits die Basilika, andererseits auch einer der Eingänge zu Roms größtem Friedhof, dem Campo Verano, zu finden ist (s. unten). Der Rückweg mit öffentlichen Verkehrsmitteln gestaltet sich einfacher, da der große Platz vor dem Friedhof ein wichtiger Verkehrsknotenpunkt ist, den zahlreiche Buslinien passieren.

Die Baugeschichte von San Lorenzo ist kompliziert; die heutige Basilika ist durch Vereinigung zweier getrennter Kirchen entstanden: Über dem Grab des im 2. Jahrhundert hingerichteten Laurentius ließ bereits Kaiser Konstantin eine Kirche erbauen, die wenige Jahrhunderte später unter Papst Pelagius II. (578-590) erweitert wurde (so genannte Pelagiusbasilika). Bereits im 5. Jahrhundert war aber an das damals noch nicht erweiterte, nach Westen ausgerichtete Gotteshaus ein zweites westlich angebaut worden, welches die Apsis im Osten hatte (Marienkirche). Die Apsiden beider Kirchen stießen somit mehr oder weniger zusammen; Honorius III. (1216-1227) ließ beide Apsiden abreißen und vereinigte die zwei Kirchen zu einer einzigen: Die Marienkirche diente als Langhaus, das dem Laurentius geweihte Gotteshaus, die Pelagiusbasilika, als Chor der neuen Gesamtanlage. Dazu musste der Boden der Laurentiuskirche um einige Meter gehoben werden; der alte Bau wurde in Teilen zugeschüttet (heute wieder zu besichtigen). Dem ohnehin nun sehr langen Gebäude wurde noch eine Vorhalle angefügt.

Wie viele andere Gotteshäuser entging auch San Lorenzo nicht der Barockisierung, die jedoch unter Pius IX. zwischen 1864 und 1870 rückgängig gemacht wurde. Aufgrund der Nähe zum Güterbahnhof nahm als eine der wenigen wichtigen Kirchen Roms San Lorenzo fuori le Mura im 2. Weltkrieg erheblichen Bombenschaden; beim Wiederaufbau wurde zwar auf genaue Rekonstruktion des ursprünglichen Baues geachtet, wichtige Kunstschätze waren jedoch unwiderruflich verloren gegangen.

Nach Angaben einiger Autoren zählt San Lorenzo fuori le Mura zusammen mit San Pietro in Vaticano, San Giovanni in Laterano, Santa Maria Maggiore und San Paolo fuori le Mura zu den Patriarchalbasiliken, ist also dem Papst direkt unterstellt (s. Stichwort Patriarchalbasiliken). Andererseits fehlt San Lorenzo die charakteristische Heilige Pforte.

Vom Vorplatz ist die schlichte Fassade des Mittelschiffes über der Vorhalle zu sehen; im Hintergrund lässt sich die Anlage des Friedhofs mit mächtigen Zypressen erkennen; der aus dem 12. Jahrhundert stammende Campanile steht an der Grenze zwischen Längsschiff und Chor, also in Höhe der Schnittstelle der beiden ursprünglichen Basiliken.

In der Vorhalle betrachte man frühchristliche Sarkophage, die romanischen Löwen neben dem Mittelportal sowie die Wandmalereien aus dem 12. und 13. Jahrhundert mit Szenen aus dem Leben des hl. Laurentius und des hl. Stephan. Beim Eintreten lässt sich die eigenwillige Baugeschichte gut erahnen: Das Gotteshaus wirkt ungewöhnlich lang und schmal, die Chorachse ist gegenüber dem Hauptschiff leicht nach links abgeknickt.

Von der Ausstattung sind insbesondere die bemerkenswerten Kosmatenarbeiten hervorzuheben: die beiden Ambonen (Kanzeln) im hinteren Teil des Mittelschiffes, Ziborium, Osterleuchter, Bischofsthron, schließlich auch der Fußboden, insbesondere im Chorbereich.

XXIX

Kosmatenarbeiten

Die Bezeichnung Kosmatenarbeit leitet sich von den Namen zweier römischer Künstlerfamilien des 12. bis 14. Jahrhunderts ab (Cosma und Cosmato), die antike Säulen und Marmorblöcke in feine Scheiben zersägten und diese zu Ornamenten zusammensetzten. Querschnitte mächtiger Porphyrsäulen eigneten sich dabei besonders für Fußbodenmuster, kleinere Stücke etwa für Einlegearbeiten in Osterleuchtern oder Säulen von Kreuzgängen. Nicht nur waren diese Muster optisch sehr ansprechend; diese Dekorationen hatten auch – wie sich eindrucksvoll an den teils über 700 Jahre alten Arbeiten demonstrieren lässt – den Vorteil ungewöhnlich guter Haltbarkeit. Als Beispiele dafür dienen nicht nur die genannten Werke in San Lorenzo; Kosmatenarbeiten sind unter anderem zu sehen in San Clemente (Schola cantorum), Santa Croce in Gerusalemme (Fußboden) sowie San Giovanni in Laterano und San Paolo fuori le Mura (Kreuzgänge).

An der dem Chor zugewandten Seite des Triumphbogens sind auf das 6. Jahrhundert zurückgehende Mosaiken zu beachten, die Christus neben Petrus und Paulus zeigen, zudem die Leistungen des Papstes Pelagius II. würdigen. Von den Enden der Seitenschiffe besteht Zugang zur ursprünglichen, im 19. Jahrhundert teilweise freigelegten Pelagiusbasilika. Dort findet sich die Grabkapelle Pius' IX., der sich für die Rekonstruktion von San Lorenzo fuori le Mura große Verdienste erworben hat und hier beigesetzt wurde. Die üppige Ausstattung entsprach in keinem Fall dem Wunsch des Papstes. Dieser hatte bestimmt, dass die Kosten des Grabmals eine vergleichsweise bescheidene Summe nicht überschreiten sollten; neben einem Totenkopf sollten nur Papstname und Dauer des Pontifikats sowie der Zusatz „Orate pro eo“ (betet für ihn) auf einem schlichten Sarkophag zu sehen sein.

XXX

Pius IX. und das immer wieder missverstandene Dogma von der päpstlichen Unfehlbarkeit

Pius IX. (ital.: Pio nono) ist zweifellos eine der bemerkenswertesten Gestalten der Papstgeschichte: Nicht nur war sein Pontifikat der längste überhaupt, dauerte nämlich von 1846 bis 1878; unter Pius IX. erlangte auch das Papsttum die Höhe der geistlichen Autorität, während zugleich seine weltliche Macht ihren tiefsten Punkt erreichte, als der Papst sich resignierend als Gefangener im Vatikan betrachtete und dieses Gebiet zu Lebzeiten nicht mehr verließ.

Als 1846 der erzkonservative, mit rücksichtslosen Polizeimaßnahmen regierende und in den letzten Lebensjahren seinem Amt nicht mehr gewachsene Gregor XVI. starb und Giovanni Maria Graf Mastai-Ferretti im ungewöhnlich niedrigen Alter von 54 Jahren zum Papst gewählt wurde, knüpften sich viele Hoffnungen an seine liberale Gesinnung. Tatsächlich erließ Pius bald eine Amnestie für politische Gefangene, gab Rom eine bürgerliche Gemeindeverfassung und protestierte gegen die Politik der Österreicher, die den Norden Italiens beherrschten (s. dazu das Stichwort Die Einigung Italiens). Auch auf liturgischem Gebiet zeigte der Papst seine Reformfreudigkeit, indem er kurzerhand das Heilige Jahr 1850 nicht feiern ließ.

Die Situation änderte sich, als die Führer der Einigungsbewegung Italiens versuchten, den Papst für ihre Angelegenheit zu gewinnen oder sogar an ihre Spitze zu stellen. Als Pius sich weigerte, kam es zum blutigen Aufstand in Rom; der Papst musste ins französisch beherrschte Königreich Neapel fliehen und kehrte erst einige Monate später mit Hilfe französischer Truppen nach Rom zurück. Seither steuerte Pius einen scharfen antiliberalen Kurs und nahm einige seiner Reformen zurück. Mittlerweile hatten die Truppen der italienischen Einigungsbewegung große Teile des Kirchenstaates erobert und nahmen schließlich 1870 das lange von französischen Truppen geschützte Rom ein. Der Papst ließ die Verantwortlichen exkommunizieren, weigerte sich, ein durchaus faires Kompromissangebot zu akzeptieren und zog sich in den Vatikan zurück – dieser Rückzug, der erst durch die Lateranverträge unter Pius XI. im Jahre 1929 sein Ende fand, ging teilweise so weit, dass die Päpste große Segnungen nur im Innern der Peterskirche vornahmen.

Im Wesentlichen in die Jahre nach 1870 fällt der Kulturkampf, den Pius mit Bismarck über die Stellung der katholischen Kirche im Deutschen Reich führte und der durch die kompromisslose Haltung beider Opponenten eine heute kaum nachvollziehbare Schärfe annahm. Unter anderem setzte Bismarck den „Kanzelparagraphen“ durch, der Geist-

lichen im Rahmen ihres Amtes politische Betätigung untersagte, das Schulaufsichtsgesetz, welches die Oberaufsicht über alle Schulen, auch die konfessionellen, in die Hände des Staates legte, schließlich auch das Verbot des Jesuitenordens im Deutschen Reich. Unter dem diplomatisch sehr viel geschickteren Leo XIII. (1878-1903), Pius' Nachfolger, wurde der Ton der Auseinandersetzung weniger brüsk, viele der Konflikte entschärft und nach einer Erklärung des Vatikans 1887 der Kulturkampf auch offiziell für beendet erklärt. Kanzelparagraph, Schulaufsichtsgesetz und Verbot der Jesuiten blieben jedoch weiter in Kraft.

Zu nennen ist weiter der 1864 erschienene Syllabus, eine Sammlung zu verurteilender Irrtümer, wozu die philosophischen Strömungen des Naturalismus und Rationalismus ebenso gerechnet wurden wie die gesellschaftlichen Bewegungen des Sozialismus, Kommunismus und Liberalismus. Mit diesem Schritt, der einem Denkverbot gleichkam, entfremdete der Papst einerseits zahllose Katholiken und setzte andererseits die katholische Kirche in Opposition zu den in vielen Staaten vertretenen Auffassungen. Der Syllabus dürfte nicht zuletzt den erwähnten Kulturkampf in seiner ganzen Schärfe erst hervorgebracht haben.

Vor allem ist aber mit Pius IX. das Dogma von der päpstlichen Unfehlbarkeit verbunden, welches er 1870 auf dem I. Vatikanischen Konzil gegen den Widerstand einiger Bischöfe – keineswegs aber gegen die Mehrheit der Teilnehmer –

durchsetzte (s. auch das Stichwort Das I. Vatikanische Konzil und das Dogma von der päpstlichen Unfehlbarkeit).

Die Aussage dieses Dogmas wird immer wieder missverstanden und zwar auch von Personen, denen man ein rationaleres und kenntnisreicheres Herangehen an den Sachverhalt zutrauen möchte (s. Anmerkung 8). Der Papst ist natürlich nicht unfehlbar, wenn er für oder gegen einen Krieg oder den Atomausstieg Position bezieht, auch nicht, wenn er – zu einem politisch denkbar ungünstigen Zeitpunkt – die Exkommunikation des Bischofs Williamson aufhebt (s. Anmerkung 9). Auch wenn Paul VI. („Pillenpaule" im Jargon der antiklerikalen Szene) in der Enzyklika „Humanae vitae" bestimmte Formen der Empfängnisverhütung als nicht vereinbar mit den ethischen Grundlagen der katholischen Kirche erklärt, hat diese Aussage keinen Anspruch auf Unfehlbarkeit. Die päpstliche Unfehlbarkeit bezieht sich auf ein „ex cathedra" verkündetes Dogma, und ein solcher Vorgang ist in den über 140 Jahren seit dem Vatikanum I genau einmal erfolgt (1950 durch Pius XII. im Dogma von der leiblichen Aufnahme Marias in den Himmel). Im Übrigen ist das Konzept der Unfehlbarkeit alles andere als neu: Auf dem Konzil von Nicäa 325 wurde der Gesamtheit des Episkopats dogmatische Unfehlbarkeit zugesprochen.

Die Persönlichkeit Pius IX. und seine Politik werden in der Kirchengeschichte sehr kontrovers beurteilt. Eine gewisse Konsequenz im Handeln ist ihm nicht abzusprechen;

andererseits hat ihm die Einsicht gefehlt, dass die Voraussetzungen für eine mittelalterliche Papstpolitik längst nicht mehr gegeben waren, eine Einsicht, die gerade in dieser schwierigen Zeit der Kirche einige Ungelegenheiten erspart hätte.

Man besichtige nun noch den sehr schönen Kreuzgang aus dem 12. Jahrhundert, in den man über die Sakristei am Ende des rechten Seitenschiffes gelangt. Von hier aus ist auch die Katakombe der hl. Cyriaca zu erreichen, die aus einem Familiengrab auf dem Grundbesitz dieser wohlhabenden, zum Christentum übergetretenen Römerin entstanden sein dürfte. Obwohl diese Katakombe keine wesentlichen Kunstschätze enthält, ist ihr Besuch doch äußerst lohnend: Oft genug durchwandert man allein in Begleitung des Führers die langen Gänge mit den Grabnischen und kann sehr viel besser als in den großen, touristisch perfekt erschlossenen Katakomben die Atmosphäre dieser Grabanlagen auf sich wirken lassen.

Beim Rückweg durch die Basilika lohnt das (nach den Kriegsschäden teilweise wiederaufgebaute) Hochgrab des Kardinals Fieschi (um 1265) an der Innenseite der Eingangswand die genauere Betrachtung: Über einem wiederverwendeten antiken Sarkophag mit einer Hochzeitsszene erhebt sich ein Baldachin (eine bemerkenswerte Kosmatenarbeit); die Malereien am Grabmal wurden durch die Bomben zerstört.

Man versäume nicht, wenigstens einen kurzen Blick in den Campo Verano zu werfen, der durch ein großes Tor rechts von San Lorenzo betreten werden kann. Insbesondere bei gutem Wetter wartet ein schöner, vom Verkehr ungestörter Spaziergang durch lange Zypressenalleen mit informativen Einblicken in die Grabkultur der heutigen Römer.

11. Rundgang: San Paolo fuori le Mura (St. Paul vor den Mauern)

Diese an der Straße nach Ostia gelegene Kirche ist zu Fuß von der Stadt aus nur mühsam zu erreichen. Neben Taxi, öffentlichen Verkehrsmitteln suche man auch, ob es Tour-Busse gibt, die in einer Romrundfahrt zahlreiche Stellen anfahren, an denen man den Bus verlassen und später wieder besteigen kann. Die meisten Unternehmen aber – wenn nicht sogar alle – fahren diesen Punkt nicht mehr an. Wie auch immer, es ist sinnvoll, St. Paul und die Katakomben an einem Tag zu besichtigen (s. 12. Rundgang).

Unter Kaiser Konstantin wurde über dem Grab des Apostel Paulus an der Straße nach Ostia zunächst nur eine kleine Gedenkkapelle errichtet. Um 400 wurde diese Kapelle durch eine fünfschiffige Basilika ersetzt, die bis zum Bau des neuen Petersdoms im 16. Jahrhundert die größte Kirche der Welt war und zahlreiche, aber den Gesamteindruck offenbar nicht störende Ergänzungen erfuhr. Am 15. Juli 1823 jedoch ließen Handwerker ein Stück glühende Kohle liegen, und binnen einer Nacht wurde eine der bedeutendsten Kirchen der Christenheit nach mehr als 1400 Jahren Bestand weitgehend in Schutt und Asche gelegt; dem sterbenden Pius VII. wollte man die schreckliche Nachricht gar nicht mehr beibringen. Sein Nachfolger Leo XII. (1823-1829) bemühte sich um einen raschen Wiederaufbau, der durch Spenden aus der ganzen Welt unterstützt wurde und in kurzer Zeit abgeschlossen werden konnte. Leider entfernte man dabei auch manches von der alten Basilika, was noch zu retten gewesen sein dürfte; der heutige Bau vermittelt nur einen schwachen Eindruck von der einstigen Erhabenheit der Anlage. Manche Teile sind Zutaten nach dem Brand, so der große säulenumstandene Vorhof und die Mosaiken der Hauptfassade; auch der atypischerweise hinter der Mitte der Apsis postierte, von der Konstruktion her reichlich eigenartige Campanile ist kaum ein gelungener Ersatz für den romanischen Glockenturm. Hinzu kommt, dass St. Paul in einer wenig ansprechenden Umgebung liegt; es ist nicht einfach, trotzdem diesen bedeutenden Bau angemessen zu würdigen.

Der Westfassade der Basilika ist seit dem Neubau ein großes Atrium (Vorhof) vorgelagert, welches von mehrreihigen Säulenhallen umgeben ist; der der Fassade angegliederte Säulengang bildet die Vorhalle der Kirche. Die Figuren dort sind Werke des 19. Jahrhunderts, ebenso die große Paulusstatue in der Mitte des Vorhofes. Fünf Portale führen ins Innere; das rechts des Hauptportals mit dem Papstwappen ist die Porta Santa, die nur in den Heiligen Jahren geöffnet wird; St. Paul gehört, wie bereits mehrfach erwähnt, zu den vier Patriarchalbasiliken.

XXXI

Heiliges Jahr und Heilige Pforte

Das erste Heilige Jahr (lat.: annus sanctus, ital.: anno santo) wurde von Bonifaz VIII. im Jahre 1300 ausgerufen. Er nannte es „Jubeljahr", nach dem alten jüdischen Brauch, dass der „Jobel", der Schall eines Widderhorns alle sieben mal sieben Jahre ein Jahr des Schuldenerlasses und der Befreiung aus der Knechtschaft einleitete. Allen, die in diesem Jahr 1300 eine Bußwallfahrt unternahmen und die Apostelbasiliken von St. Peter und St. Paul mehrmals besuchten, gewährte der Papst vollständigen Ablass; erst später wurde noch der Besuch von San Giovanni in Laterano und von Santa Maria Maggiore zusätzlich verlangt. Während Bonifaz ursprünglich nur alle 100 Jahre ein Jubeljahr vorsah, wurde dieser Abstand später auf 50 Jahre und sogar 33 Jahre (die Lebenszeit Christi) verkürzt. Allerdings waren bald danach die Päpste nach Avignon gezogen, nach ihrer Rückkehr sowie den Wirren und Seuchen des 15. und beginnenden 16. Jahrhunderts Rom teilweise entvölkert, sodass der Besuch der Stadt für die Pilger oft mühsam und gefährlich war. Immerhin führte Alexander VI. für das Jubeljahr 1500, welches mittlerweile Heiliges Jahr genannt worden war, neue liturgische Zeremonien ein, darunter auch die Öff-

nung der Heiligen Pforte, eines sonst vermauerten Portals in den Patriarchalbasiliken. Sixtus V. verkürzte endgültig den Abstand der Anni Santi auf 25 Jahre, sodass jede Generation in den Genuss eines Generalablasses kommen konnte. Viele der Heiligen Jahre der letzten Jahrhunderte wurden aufgrund politischer Gegebenheiten nicht oder nur sehr eingeschränkt gefeiert; zuletzt ließ der zu Beginn seines Pontifikats sehr freiheitlich gesonnene Pius IX. das Jubiläum von 1850 kurzerhand ausfallen, regierte aber lange genug, um es 1875 (wenn auch ohne jedes Gepränge) feiern zu können. Seitdem fanden alle Heiligen Jahre im festgesetzten Abstand statt, 1933 und 1983 sogar außerordentliche Heilige Jahre (anlässlich des 1900. und 1950. Todestags Christi).

Die Bedeutung der Heiligen Jahre liegt heute nicht mehr in der Erlangung des vollkommenen Ablasses, der heute auch zu anderen Zeiten durch Besuch von römischen Pilgerkirchen (s. Stichwort Die sieben Haupt- oder Pilgerkirchen Roms) und durch Bußakte außerhalb Roms erlangt werden kann; vielmehr ist es die gemeinsame große Feier mit zahlreichen Festlichkeiten, welche die Anni Santi von anderen Jahren abhebt. Der wichtigste Akt ist die Öffnung der Heiligen Pforte des Petersdoms bei der Christmette (des alten Jahres) durch den Papst; die weiteren Heiligen Pforten werden später durch andere kirchliche Würdenträger geöffnet.

Die Bronzeflügel des Hauptportals wurden in den 30er Jahren dieses Jahrhunderts geschaffen und sind mit Reliefszenen aus dem Leben der Apostel Paulus und Petrus geschmückt.

Das Innere der 120 m langen Basilika – die damit eine der größten Kirchen der Welt und die zweitgrößte Roms ist – ist fünfschiffig mit sehr breitem Mittelschiff und schmaleren Seitenschiffen; 80 monolithische Granitsäulen trennen die Schiffe voneinander ab.

Besonders bemerkenswert sind die Papstbildnisse (mittlerweile 266) zwischen über den Arkaden. Die Reihe beginnt im rechten Querschiff (neben dem Apsismosaik) mit einem Bildnis des hl. Petrus und endet am rechten inneren Seitenschiff (in Höhe der Paulusstatue) mit Porträts der Päpste dieses Jahrhunderts.

Die Fresken sind nach dem Brand neu gemalt worden, kopieren aber getreu die Vorbilder aus der alten Basilika, von denen einige die Zerstörung überstanden und nun im angegliederten Museum aufbewahrt werden. Die Bildnisse scheinen bald nach der Entstehung der Basilika begonnen worden zu sein; die der älteren Päpste gehen wohl auf das 5. bis 9. Jahrhundert zurück und sind zwangsläufig Schöpfungen aus der Vorstellung der ausführenden Künstler. Es ist jedoch anzunehmen, dass etwa ab dem 6. Jahrhundert die Porträts weitgehend lebensecht sind.

XXXII

Die Liste der Päpste

Dass für die ersten Jahrhunderte, als die Kirche zeitweise im Verborgenen agieren musste und viele der römischen Bischöfe den Märtyrertod fanden, die Angaben über die Petrusnachfolger höchst unsicher sind, ist nicht weiter erstaunlich. So wird etwa diskutiert, ob Linus, der als zweiter Papst geführt wird, wirklich der Nachfolger des Petrus im Bischofsamt oder nur Diakon unter Petrus war, weiter an welcher Stelle Klemens I. in die Reihe einzufügen ist. Vermutlich um 530 erfolgte die erste Niederschrift des Liber pontificalis (des „päpstlichen Buches"), einer Papstgeschichte, die eine lückenlose Reihe von Biographien enthielt, beginnend mit Petrus und endend mit Felix III. (526-530). Diese Geschichtsschreibung wurde bis ins Ende des 9. Jahrhunderts fortgesetzt, unterblieb jedoch im 10. und 11. Jahrhundert (dem „saeculum obscurum", dem finsteren Jahrhundert der Papstgeschichte; s. auch das entsprechende Stichwort im Rahmen des 1. Rundgangs); danach wurde die Chronistik wieder aufgenommen und bis zum Tode Martins V. (1431) weitergeführt. Später entstand das päpstliche Jahrbuch (Annuario Pontificio), welches bezüglich der ersten Jahrhunderte auf dem Liber ponticalis basiert, jedoch auch spätere historische Erkenntnisse berücksichtigt. Das päpstliche Jahrbuch – welches unter anderem auch die Namen der Bischöfe in der gesamten Welt auflistet – hat im Laufe der Zeit verschiedene Umschreibungen erfahren, etwa bezüglich der legitimen Petrusnachfolge zur Zeit des abendländischen Schismas (s. Stichwort Das Exil der Päpste in Avignon und das abendländische Schisma). Die Reihe der Päpste, wie sie sich in San Paolo bietet, entspricht teilweise nicht der offiziösen Abfolge aus dem Annuario Pontificio.

Weiter sehenswert ist der Papstaltar mit dem Baldachin (oder Ziborium) aus dem Ende des 13. Jahrhunderts, ein Werk von Arnulfo di Cambio; in der Confessio unter dem Papstaltar wird seit dem Bau der Basilika das Grab des hl. Paulus verehrt (s. Anmerkung 10).

Besondere Beachtung verdient auch der 5 m hohe Osterleuchter rechts des Altars, der zwischen Abschnitten mit Monstern und mit Blattornamentik Szenen aus der Passionsgeschichte zeigt; er dürfte gegen Ende des 12. Jahrhunderts geschaffen worden sein. Die Mosaiken der Apsiskuppel wurden stark restauriert, sind jedoch ins 13. Jahrhundert zu datieren und zeigen zwischen dem segnenden Christus und Figuren von Aposteln und Evangelisten die kleine weiße Gestalt des knienden Honorius III. Auch die Mosaiken der Apsiswand und der dem Mittelschiff zugewandten Seite des Triumphbogens gehen ursprünglich auf das 5. Jahrhundert zurück (sind aber gleichfalls in erheblichem Maße restauriert).

Man versäume nicht den Besuch des Kreuzgangs, der vom rechten Querschiff zu betreten ist; er ähnelt dem von San Giovanni in Laterano und ist im Wesentlichen eine Kosmatenarbeit aus der ersten Hälfte des 13. Jahrhunderts (s. Stichwort Kosmatenarbeiten). Das Museum im Bereich des angegliederten Benediktinerklosters bewahrt unter anderem die erwähnten Reste der ursprünglichen Papstbildnisse auf.

12. Rundgang: Die Katakomben an der Via Appia und die Kirche San Sebastiano ad Catacumbas

Dieser Rundgang zeigt einige der wichtigsten und bekanntesten unterirdischen Grabstätten aus frühchristlicher Zeit, daneben die über einer dieser Stätten errichtete Basilika San Sebastiano ad Catacumbas, eine der sieben Haupt- oder Pilgerkirchen Roms. Da ein altes, aus dem 5. vorchristlichen Jahrhundert stammendes Gesetz verbot, die Toten innerhalb der Stadtmauern zu begraben, liegen diese Katakomben weit vom Zentrum entfernt. Individualreisenden ist zu raten, für die Anfahrt ein Taxi oder Busse (218 von Piazza San Giovanni?) zur Kalixtuskatakombe zu benutzen; nahe der letzteren ist auch ein größerer Parkplatz. Von der Kallixtuskatakombe sind die an der Via Appia Antica gelegene Basilika San Sebastiano und die Kirche Quo vadis gut zu erreichen; abzuraten ist, die enge und vielbefahrene Via Appia Antica als Fußgänger zu benutzen. Man beachte bei der Planung, dass alle Katakomben während der Mittagszeit (also etwa von 12 bis 14.30 Uhr) geschlossen sind, einzelne an manchen Wochentagen gar nicht geöffnet sind (nach meinen Informationen Domitilla-K. am Dienstag, Kallixtus-K. am Mittwoch, Sebastians-K. am Sonntag) – hier ist es sinnvoll, auch bezüglich der Anreisemöglichkeiten, touristische Informationsbüros zu konsultieren oder sich im Internet zu informieren. Im Übrigen sei darauf hingewiesen, dass die hier beschriebenen Katakomben keineswegs die einzigen in Rom sind, sondern lediglich die bekanntesten und am besten erschlossenen darstellen. Weitere ähnliche

Anlagen befinden sich beispielsweise im Nordosten (Katakomben von S. Agnese fuori le Mura und von S. Priscilla) oder im Südwesten nahe der Via Ostensiense (Katakombe der Commodilla).

Steigt man zwischen Domitilla- und Kallixtus-Katakombe aus, befindet man sich ganz in der Nähe der Via Appia Antica, der wichtigen, nach Südosten verlaufenden Ausfallstraße des alten Roms. An ihrem außerhalb der Stadtmauern gelegenen Abschnitt gab es schon in republikanischer Zeit zahlreiche große Grabstätten, die in den folgenden Jahrhunderten stark erweitert wurden und zunehmend den Christen als Grablege dienten. Die dort zu findenden Malereien aus dem 2.–4. Jahrhundert stellen wichtige Dokumente frühchristlicher Kunst dar und vermitteln eine gute Vorstellung von Leben und Glauben der ersten Christen.

XXXIII

Katakomben

Als Katakomben bezeichnet man unterirdische Grabstätten, die vor allem, aber nicht ausschließlich, von Christen zur Bestattung ihrer Toten benutzt wurden. Oft finden sich heidnische Gräber neben sich im Laufe der Jahrhunderte immer mehr ausbreitenden christlichen Grablegen, daneben auch Grabstätten jüdischer Bürger. Die Herkunft des Namens Katakomben ist nicht sicher geklärt; am wahrscheinlichsten ist, dass der Name einer dieser Grabstätten, die des Friedhofs von San Sebastiano ad Catacumbas (San Sebastian an der Talsenke), als Bezeichnung auf alle Anlagen dieser Art ausgedehnt wurde.

In ihrer Grundstruktur bestehen die Katakomben aus in das Erdreich getriebenen langen Gängen, zumeist in mehreren Stockwerken. Die Gesamtlänge des Gangsystems der Kallixtus-Katakomben wird beispielsweise auf etwa 20 km geschätzt, in denen sich an die 500.000 Grabstellen finden dürften. In die Wände der Gänge sind wiederum Nischen gehauen, teilweise kleinere, dicht neben- und übereinander liegende zur Aufnahme von Aschenurnen (Kolumbarien), teils größere, in die Tote in Tüchern oder Sarkophagen beigesetzt werden konnten. Die aufgrund ihrer Ähnlichkeit mit einem

Taubenhaus Kolumbarien genannten kleinen Nischensysteme (lat. columba = Taube) dienten zur Bestattung der Asche heidnischer Bürger Roms, zumeist aus den ärmeren Schichten, da Begräbnisplätze teuer waren. Christen und Juden war die Feuerbestattung untersagt, sodass die Leichname in Sarkophagen oder in Tücher gehüllt zur Ruhe gebettet wurden. Neben Einzelnischen (loculi) finden sich Familiengräber (cubicula), tiefere und größere Ausbuchtungen mit mehreren Einzelnischen. Nach Beisetzung des Leichnams wurde die Nische mit einer Platte verschlossen, auf der häufig der Name des Verstorbenen neben Inschriften und Symbolen zu sehen war.

Typischerweise liegen die jüngeren Grabkorridore unterhalb der älteren, sind also die späten christlichen in den tieferen Stockwerken zu finden. Der Tuffstein der römischen Umgebung eignet sich hervorragend zur Errichtung solcher übereinander liegender Gangsysteme, da er einerseits fest genug ist, um nicht zu Einstürzen zu führen, sich andererseits aber auch gut bearbeiten lässt.

Die meisten der Katakomben wurden im 3. und 4. Jahrhundert angelegt, häufig um das Grab eines Märtyrers herum und waren daher Stätten der Verehrung und begehrte Begräbnisplätze. Als mit den Wirren des untergehenden römischen Reiches und der Völkerwanderung die Orte außerhalb der Stadtmauern zunehmend unsicherer wurden und zudem das alte Verbot einer Bestattung innerhalb des Stadtgebiets hinfällig wurde, entschloss man sich, die Gebeine der Märtyrer zu verlegen und entzog damit den Katakomben ihre besondere Bedeutung. Mit Ausnahme der Begräbnisstätte um San Sebastiano gerieten alle Katakomben so allmählich außer Gebrauch und in Vergessenheit, bis sie im 16. Jahrhundert wieder entdeckt und vor allem im 19. Jahrhundert systematisch freigelegt wurden.

Die Katakomben waren im Wesentlichen Begräbnisstätten und nichts weiter. Die These, dass sich in den unterirdischen Gängen ganze Christengemeinden vor ihren Verfolgern verborgen und weiter ihre Gottesdienste abgehalten hätten, ist insofern nicht haltbar, als diese Orte allgemein bekannt waren. Nicht auszuschließen ist aber, dass einzelne Personen in dem Labyrinth vergleichsweise lange vor Entdeckung geschützt waren.

Es empfiehlt sich, zunächst die Katakomben des hl. Kallixtus (Catacombe di San Callisto), die wahrscheinlich größten, jedenfalls die bekanntesten, zu besuchen. Sie wurden gegen Ende des 2. Jahrhunderts angelegt, wobei dies im Wesentlichen unter der Aufsicht des Diakons Kallixtus (des späteren Papstes Kallixtus I.) geschah. Ihre Besichtigung ist, wie die der anderen Katakomben, nur im Rahmen einer Führung möglich (man beachte die Mittagspause, zudem einen eventuellen Ruhetag, denke auch daran, dass es dort recht kühl sein kann). Einige wenige Hinweise auf die Hauptsehenswürdigkeiten mögen hier genügen.

Die Kallixtuskatakombe besteht aus vier Stockwerken, von denen vor allem das zweite (von oben gezählt) besichtigt wird. Bemerkenswert ist dort zunächst die Krypta der Päpste, wo in Wandnischen Märtyrerpäpste des 3. Jahrhunderts beigesetzt waren. Beachtung verdienen hier einige griechische Grabinschriften aus dem 3. Jahrhundert, weiter eine größere Inschrift, die vermutlich unter Papst Damasus gegen Ende des 4. Jahrhunderts angefertigt wurde; auch die beiden Säulen dürften aus dieser Zeit stammen.

In einem benachbarten Raum soll sich das Grab der hl. Cäcilia befunden haben; der Leichnam wurde im 9. Jahrhundert in die Kirche Santa Cecilia in Trastevere überführt. Die Wandmalereien gehen wohl auf das 4. bis 9. Jahrhundert zurück; die liegende Marmorfigur der Heiligen stammt aus sehr viel späterer Zeit und ist eine Kopie der von Stefano Maderna um 1600 geschaffenen Plastik in Santa Cecilia.

Weiter sind wegen ihrer Malereien einige Kammern zu erwähnen, so die Sakramentskammer mit Darstellungen von Taufe und Eucharistie (3. Jahrhundert).

Ist vor der Mittagsruhe noch genügend Zeit, so besichtige man nun die Kirche San Sebastiano ad Catacumbas mit den zugehörigen Grabanlagen (ansonsten lässt sich die Mittagspause durch einen Spaziergang zur Kirche Quo vadis sinnvoll überbrücken; s. unten). Dazu folge man den Beschilderungen nahe der Kallixtus-Katakombe.

Die an der Via Appia Antica gelegene Basilika San Sebastiano ad Catacumbas gehört zu den Hauptkirchen Roms (s. Stichwort Die sieben Haupt- oder Pilgerkirchen Roms). Sie hat als Resultat einer reichlich verwickelten Baugeschichte einen komplizierten und unübersichtlichen Aufbau (nur Teile zu besichtigen). Über einem großen Gräberbezirk entstand vermutlich im 4. Jahrhundert eine stattliche dreischiffige Basilika, die zunächst die Apostel Petrus und Paulus als Patrone hatte, später aber dem hl. Sebastian geweiht wurde, der als christlicher Offizier der kaiserlichen Garde unter Diokletian um 300 den Märtyrertod erlitten hatte und auf diesem Gräberfeld beigesetzt war; noch heute findet man auch die Bezeichnung Memoria di SS. Pietro e Paolo. Im 13. Jahrhundert wurde die Kirche umgebaut und dabei in der Breite durch Zumauern der Seitenschiffarkaden verkleinert. Die nun einschiffige Kirche wurde im 17. Jahrhundert barockisiert; aus diesem Bauabschnitt stammen die Fassade und die vorgelagerte Säulenhalle. Erwähnenswert im Inneren sind vor allem die schöne Holzdecke sowie die im hinteren linken Teil gelegene Sebastianskapelle, die über der Grabkammer des Heiligen in den Katakomben steht; die liegende Figur des Sebastian stammt von einem Schüler Berninis. Gegenüber befindet sich die Cappella delle Reliquie mit den angeblichen Fußspuren Christi (s. Stichwort Quo vadis?); der Stein mit den Abdrücken liegt im untersten Fach des Reliquienschreins über dem Altar (besser zugänglich ist die Kopie in der Quo vadis-Kirche; s. unten). Nach Verlassen der Basilika wendet man sich nach links zum Besuch der Katakomben (Besichtigung nur mit Führung; neben der Mittagspause denke man an den Ruhetag, nach meinen Informationen der Sonntag).

Man gelangt zunächst in ein langes System von Gängen mit übereinander angelegten Einzelnischen und Familiengräbern, danach in die wiederhergestellte Krypta des hl. Sebastian mit einer Bernini zugeschriebenen Büste des Heiligen, schließlich in einen großen Hohlraum, den Experten für jene Talsenke halten, die der Kirche und dem Gräberfeld den Beinamen „ad catacumbas" gegeben haben soll; heute liegt über der seinerzeit nach oben offenen Vertiefung der Boden der Kirche. In diesem großen unter dem Kirchenschiff gelegenen Hohlraum befinden sich drei auf das 1. Jahrhundert zurückgehende Grabhäuser. Sie dienten offensichtlich zunächst heidnischen Begräbnissen, unter anderem der Aufnahme von Aschenurnen; im Laufe der Generationen waren die Besitzer der Grabstätten jedoch vornehmlich Christen geworden, was sich in zahlreichen Inschriften und Symbolen erkennen lässt. Bemerkenswert ist beispielsweise das griechische Wort ICHTHYS (= Fisch), dessen einzelne Buchstaben Abkürzungen für Iesous Christos Theou Hios Soter (Jesus Christus, Sohn Gottes, der Retter) darstellen; (entsprechend war das Bild des Fisches, etwa in den Sand gezeichnet, Erkennungszeichen der Christen und der Fisch Symbol Christi in bildlichen Darstellungen). Im Umkreis dieser Mausoleen lagen später fast ausschließlich christliche Begräbnisstätten mit zahlreichen Inschriften und Symbolen; einer dieser Räume barg möglicherweise für einige Zeit die Überreste der Apostel Petrus und Paulus, denen, wie erwähnt, die Basilika zeitweise geweiht war.

Wer einen etwas längeren Weg nicht scheut, gehe nun zu der an der Via Appia Antica weiter stadteinwärts gelegenen kleinen Kirche Domine quo vadis (man benutze aber besser die ruhige Straße, die an den Kallixtus-Katakomben vorbeiführt). Das Kirchlein birgt zwar keine besonderen Schätze, steht aber in Zusammenhang mit einer berühmten Legende, die unter anderem Anlass zu einem vielgelesenen Roman gegeben hat.

XXXIV

Quo vadis?

Nach einer Legende soll Petrus von einem Engel aus dem Gefängnis befreit worden sein (s. dazu die Darstellung in den Stanzen Raffaels im Rahmen des 6. Rundganges). Als er Rom über die Via Appia verlassen wollte, begegnete ihm Christus. Auf die Frage des Petrus: „Domine, quo vadis?" (Herr, wohin gehst Du?), antwortete dieser: „Venio Romam iterum crucifigi" (Ich gehe nach Rom, um abermals gekreuzigt zu werden). Darauf kehrte Petrus verschämt ins Gefängnis zurück.

Der Ursprung der Legende ist unklar. Eine Anzahl von Reliquien stehen in Zusammenhang mit dem angenommenen Ereignis, so die Fußspuren Christi, die in der Reliquienkapelle von San Sebastiano (und als Kopie in der Quo vadis-Kirche) gezeigt werden. Im Roman des polnischen Schriftstellers Henryk Sienkiewicz (erschienen 1896) steht die Legende im Mittelpunkt der Schilderungen neronischer Christenverfolgungen. Die letzten Abschnitte des Romans beschreiben den feigen und unentschlossenen Selbstmord des Nero; sie enden mit den Worten:

„Und so brauste Nero vorüber, wie Orkane, Gewitterstürme, Feuer, Krieg oder Pest vorübergehen, aber die Basi-

lika des hl. Petrus beherrscht bis zum heutigen Tage von den Vatikanischen Höhen herab die Stadt und die Welt.

Und in der Nähe der früheren Porta Capena erhebt sich noch heute eine kleine Kapelle mit der halbverwitterten Inschrift: >Quo vadis, Domine?<"

Die kleine, vielbesuchte Kirche geht auf das 9. Jahrhundert zurück und wurde im 17. Jahrhundert erneuert. Offiziell heißt sie S. Maria in Palmis, im Volksmund trägt sie den Namen Domine quo vadis. In ihr befinden sich Abgüsse der in San Sebastiano aufbewahrten angeblichen Fußabdrücke Christi sowie zwei neuere Gemälde, welche die Quo vadis-Szene und die dort gesprochenen Worte wiedergeben.

Man geht nun in die Via delle Sette Chiese zurück und gelangt an den letzten Besichtigungspunkt, zur Katakombe der Domitilla. Diese nicht direkt an der Via Appia Antica gelegene, vielleicht größte unterirdische Grabanlage Roms (die nach einer Christin aus dem flavischen Kaiserhaus, möglicherweise einer Enkelin Domitians, benannt wurde), ist nur zu einem kleinen Teil der Öffentlichkeit zugänglich. Man beachte die Mittagspause bis 14.30 Uhr und den (vermutlichen) Ruhetag Dienstag (Besichtigung nur mit Führung).

Nach Besichtigung einer im 19. Jahrhundert restaurierten Kirche aus dem 4. Jahrhundert (Basilica di SS. Nereo ed Achilleo) gelangt man in Grabkammern mit teils vorchristlichen, teils christlichen Malereien aus dem 2. und 3. Jahrhundert. Berühmt sind hier unter anderem die Darstellungen des Guten Hirten und die von Jesus im Kreise seiner Jünger.

13. Rundgang: Pantheon, Santa Maria sopra Minerva und Il Gesù

Dieser Gang (Plan S. 114) führt durch drei relativ dicht beieinanderliegende Kirchen nordwestlich der Piazza Venezia. Das Pantheon ist das am besten erhaltene antike Gebäude Roms, das seine Konservierung der Umwandlung in eine Kirche zu Beginn des 7. Jahrhunderts verdankt. Mit Santa Maria sopra Minerva wird das bedeutendste gotische Gotteshaus Roms mit wertvoller Innenausstattung besucht. Die Kirche Il Gesù schließlich ist zum einen baugeschichtlich interessant, weil sie den Übergang zum barocken Baustil begründet, zum anderen, weil in ihr der Gründer des Jesuitenordens, Ignatius von Loyola, in einem prächtigen Grabaltar beigesetzt ist.

Nahe der Via del Corso, in der der Rundgang beginnt, liegen unter anderem die berühmte Fontana di Trevi sowie die schöne Piazza Colonna. In ihrem nördlichen Abschnitt ist die Via del Corso zudem eine belebte Geschäftsstraße, von der nach rechts weitere elegante Einkaufsstraßen abzweigen (etwa die Via Condotti), die zur Piazza di Spagna mit der Spanischen Treppe führen. Nur wenige Meter westlich des Pantheons ist die Piazza Navona gelegen, einer der ansprechendsten Plätze Roms. Man beziehe am besten diese Punkte in die ansonsten eher kurze Besichtigung ein; bei der Planung ist zu beachten, dass Il Gesù (nicht aber die beiden anderen Kirchen) über die Mittagszeit geschlossen ist.

Ausgangspunkt ist die große Piazza Venezia mit dem riesigen, nicht zu verfehlenden Monumento a Vittorio Emanuele II., dem um 1900 geschaffenen Denkmal für den ersten König des vereinten Italiens (s. Stichwort: Die Vereinigung Italiens). Man geht auf der nach Norden führenden Via del Corso einige hundert Meter, bis nach links die Via del Caravite abzweigt, die sich in die Via del Seminario fortsetzt; diese führt an der mächtigen Fassade von San Ignazio vorbei auf die schöne Piazza della Rotunda mit dem Pantheon. Der heutige Bau wurde auf älteren Grundmauern etwa um 120 n. Chr. als Tempel errichtet, der wohl den sieben planetarischen Göttern geweiht war. Um 600 weihte Bonifaz IV. das Gebäude als Kirche und gab ihr den Namen Santa Maria ad Martyres (hl. Maria zu den Märtyrern), der noch heute der offizielle (aber wenig bekannte) Name des Gotteshauses ist.

Insgesamt wurde an dem Bau im Laufe der vielen Jahrhunderte nur wenig verändert; zwar blieben auch ihm gewisse Plünderungen nicht erspart, so die Entfernung der vergoldeten Dachziegel (die nach Konstantinopel geschafft wurden) und des Bronzebeschlags der Vorhalle (der für Berninis Baldachin in der Peterskirche verwendet wurde); letztlich steht aber der antike Bau im wesentlichen unverändert; von Bernini im 17. Jahrhundert hinzugefügte Glockentürme („Eselsohren" im Volksmund) wurden erfreulicherweise gegen Ende des 19. Jahrhunderts wieder entfernt.

Nach Passieren der Vorhalle mit mächtigen korinthischen Säulen gelangt man durch ein Portal mit antiken Bronzeflügeln in den kuppelgekrönten Rundbau. Von innen wirkt die Konstruktion wie eine Halbkuppel; tatsächlich handelt es sich – was von einer gewissen Entfernung gut von außen zu sehen ist – nur um einen Kugelabschnitt (Kalotte), der aber im Durchmesser (43,30 m) die Kuppel der Peterskirche (42 m) übertrifft. An ihrem Scheitel liegt eine Öffnung von 9 m Durchmesser, durch die ausreichend Licht in den ansonsten fensterlosen Raum gelangt.

Die Wände sind durch Nischen („Kapellen“) und Vorsprünge („Ädikulen“) gegliedert. Bewegt man sich vom Eingang aus entgegen dem Uhrzeigersinn, so gelangt nach bei der zweiten Kapelle rechts vor das Grabmal von Vittorio Emanuele II, dem ersten König des vereinigten italienischen Königreiches.

XXXV

Die Vereinigung Italiens

Seit dem Untergang des weströmischen Reiches waren immer mehr oder weniger große Teile Italiens unter Fremdherrschaft gestanden, beispielsweise der Normannen, der deutschen Staufer, der spanischen und österreichischen Habsburger oder der Franzosen; weiter umfasste der Kirchenstaat große Teile der Halbinsel, beherrscht von einem zwar zumeist italienischen Papst, aber eben ein nicht-italienischer Feudalstaat.

Nach dem Wiener Kongress waren entscheidende Teile Italiens entweder in habsburgischem Besitz oder wurden von Habsburg nahestehenden Herrscherhäusern regiert, so etwa die Lombardei, Neapel und Sizilien. Lediglich das mit Sardinien vereinigte Piemont konnte als selbständiger italienischer Staat betrachtet werden, von dem schließlich auch die Vereinigung ausging. Vittorio Emanuele II., seit 1849 König von Piemont-Sardinien und sein leitender Staatsmann Camillo Graf Cavour verbündeten sich mit dem französischen Kaiser Napoleon III. gegen die Österreicher, die 1859 bei Magenta und Solferino schwere Niederlagen erlitten. Große Gebiete Mittelitaliens fielen an Piemont, welches da-

für wiederum Savoyen und Nizza an Frankreich abgeben musste.

Die Befreiung des Südens geschah unter Garibaldi, der zunächst mit einem kleinen Heer Freiwilliger Sizilien, dann Neapel nahm und schließlich diese Regionen an das Königreich Piemont-Sardinien abtrat; mittlerweile hatten auch piemontesische Truppen Teile des Kirchenstaates besetzt, der damit auf Rom und das ursprüngliche Patrimonium Petri reduziert wurde. 1861 nahm Vittorio Emanuele den Titel eines Königs von Italien an. 1870 schließlich wurde auch Rom besetzt und zur italienischen Hauptstadt erklärt. Die Franzosen, die sich zwar mit den Befreiungstruppen gegen die Österreicher verbündet hatten, hatten ihrerseits lange den Kirchenstaat vor einer Übernahme durch Garibaldi geschützt; nachdem sie durch den Ausbruch des Krieges mit Preußen ihre Truppen abziehen mussten, stand der Übernahme von Rom nichts mehr im Wege. Pius IX. lehnte jegliche Verhandlungen ab und zog sich in den Vatikan zurück; erst die Lateranverträge von 1929 beendeten diesen unklaren rechtlichen Zustand (s. Stichwort Lateranverträge).

Exakt gegenüber dem Grabmal von Vittorio Emanuele befindet das von seinem Nachfolger, dem 1900 ermordeten Umberto I. Rechts davon ist die Ädikula mit dem Grab Raffaels zu sehen, in der rechterhand dazu gelegenen Kapelle das von Thorvaldsen geschaffene Grabdenkmal Consalvis. Dieser hatte – ohne je die Bischofsweihe erhalten zu haben –

als Kardinalstaatsekretär unter Pius VII. für viele Jahre die Außenpolitik des Kirchenstaates in den schwierigen Zeiten der Herrschaft Napoleons betrieben. Dargestellt ist Consalvi in der unteren der beiden Büsten.

Wendet man sich beim Austritt nach rechts, geht am Pantheon vorbei, gelangt man nach wenigen Metern auf die Piazza della Minerva mit der Kirche Santa Maria sopra Minerva. Wie der Name bereits sagt, wurde dieses Gebäude über einem Minervatempel errichtet (nach neueren Erkenntnissen möglicherweise tatsächlich aber über dem einer anderen römischen Gottheit). Diese einzige bedeutende gotische Kirche Roms entstand gegen Ende des 13. Jahrhunderts als Kirche des Dominikanerordens; ihre Baumeister sollen Mönche dieses Ordens gewesen sein, die bereits in Florenz die berühmte Dominikanerkirche Santa Maria Novella erbaut hatten. Abgesehen von einer erst zwei Jahrhunderte später hinzugefügten Renaissancefassade ist der ursprüngliche Bau weitgehend erhalten geblieben; Marmorverkleidungen der Pfeiler und Pilaster im Innenraum, welche im 19. Jahrhundert angebracht wurden, stören ein wenig den gotischen Raumeindruck.

Obwohl das Mittelschiff (geringgradig) höher als die beiden Seitenschiffe ist, bietet sich im Wesentlichen das Bild einer Hallenkirche.

Von den zahlreichen Sehenswürdigkeiten sei zunächst der neugotische Altar genannt, der das Grabmal der hl. Katharina von Siena aus dem Ende des 15. Jahrhunderts enthält. Hinter dem Altar finden sich die Grabdenkmäler zweier Päpste aus dem Hause Medici, links das von Leo X. (1513-1521), rechts das von Klemens VII. (1523-1534). Links vor dem Hauptaltar ist eine Statue des auferstandenen Christus zu sehen, ein Werk Michelangelos aus den Jahren 1519-1520; einzelne Teile sind von einem Schüler des Meisters ausgeführt worden; auch der befremdend wirkende bronzene Lendenschurz ist eine spätere Zutat.

Bemerkenswert ist weiter die Cappella Caraffa am Ende des (angedeuteten) rechten Querschiffs. Auf der linken Seite der Kapelle ist das Grabmal Pauls IV. aus dem Hause Caraffa zu sehen, mit dessen kurzem Pontifikat (1555-1559) sich grausamste Inquisition, zynischer Nepotismus und verfehlte Außenpolitik verbinden: Unter anderem brach er sehr bald einen Streit mit den österreichischen und spanischen Habsburgern vom Zaun, der in einer schmählichen Niederlage der päpstlichen Truppen endete. Die Reformbemühungen des Trienter Konzils wurden unter Paul IV. ausgesetzt und erst von seinem Nachfolger Pius IV. (1559-1565) wiederaufgenommen. Wenige Päpste dürften von Kirchenhistorikern so einhellig negativ beurteilt worden sein wie Paul IV.

Dem Grabmal dieses Papstes mussten auch wertvolle Malereien an der Kapellenwand weichen. Der Rest der Kapelle enthält nämlich herrliche Fresken des ausgehenden 15. Jahrhunderts, geschaffen von dem Florentiner Maler Filippino Lippi, Sohn des noch berühmteren Filippo Lippi. An der rechten Seitenwand sind Szenen aus dem Leben des Dominikanermönches Thomas von Aquin dargestellt, an der Mittelwand eine Verkündigung mit einem Porträt des Stifters (hinter ihm Thomas von Aquin); darüber ist die Himmelfahrt Marias zu sehen.

Nach Verlassen der Kirche ist noch der nach Entwürfen Berninis geschaffene Elefant zu bewundern, der einen kleinen Obelisken trägt; geht man, ohne die Richtung zu ändern, weiter, gelangt man, vorbei an der Rückwand des Pantheons und nach Überquerung des Corso del Rinascimento, bald auf die Piazza Navona, die vielen als der schönste Platz Roms gilt. Bemerkenswert ist in der Mitte der Vierflüssebrunnen, ein Werk Berninis aus dem Jahre 1651. Gegenüber ist die Fassade der von Borromini erbauten Kirche Sant' Agnese in Agone zu sehen. Verlässt man den länglichen Platz an seiner Südseite, erreicht man nach wenigen Metern – gegenüber der Fassade von Sant' Andrea della Valle, der Kirche des Theatinerordens – den Corso Vittorio Emanuele, der nach links zurück zum Ausgangspunkt, der Piazza Venezia, führt. Rechterhand erscheint bald die Piazza del Gesù mit der Hauptkirche der Jesuiten, Il Gesù.

Il Gesù hat insofern große baugeschichtliche Bedeutung, als in ihr zum ersten Mal wesentliche Elemente des Barockstils auftreten: Die Verbindung des kuppelgekrönten Zentralbaus des Renaissance (der noch Michelangelos Plänen des Petersdoms zugrunde liegt) mit dem Langhausstil der mittelalterlichen Kirchen führt zu einem längsgerichteten Kuppelbau, wie er zahlreiche Kirchenbauten der folgenden Jahrhunderte sowohl in Europa als auch in Südamerika kennzeichnet. Hinzu kommt in Il Gesù ein weiteres Merkmal, welches den spezifischen „Jesuitenstil" kennzeichnet, nämlich die Schaffung weitgehend abgetrennter Seitenkapellen, die unabhängig vom Geschehen im großen Kirchenraum und den anderen Kapellen seelsorgerische Tätigkeit erlauben. Besonders gut ist dieser Jesuitenstil an südamerikanischen Kirchen zu studieren; als wichtiger Missionsorden pflegten die Jesuiten große Gotteshäuser an zentralen Plätzen zu errichten. Die Jesuitenkirche, die Compania (wörtlich: „Gesellschaft" nach der „Gesellschaft Jesu") übertrifft zuweilen noch die Bischofskirche der südamerikanischen Städte an Größe und Reichtum. (Der Ausdruck „Jesuitenstil" wird zuweilen auch zur Charakterisierung überladener Kirchenräume verwendet; dies ist insofern inkorrekt, als dies nicht ein Kennzeichen von Jesuitenkirchen allein ist, sondern auf zahlreiche in dieser Zeit des Hochbarocks entstandene Kirchen zutrifft.)

1568 wurde mit den Bauarbeiten für Il Gesù begonnen, die nach wenigen Jahrzehnten – einschließlich der Errichtung der Fassade – abgeschlossen waren; im 17. Jahrhundert erfolgte die heute den Eindruck prägende barocke Innenausstattung.

Bei der Besichtigung beachte man die weitgehend gegen den Kirchenraum abgeschlossenen, untereinander verbundenen Kapellen zu beiden Seiten. Bemerkenswert sind weiter die prächtigen Fresken an Tonnengewölbe, Kuppel und Apsis, Arbeiten des ausgehenden 17. Jahrhunderts. Der Altar im (angedeuteten) rechten Querschiff ist Franz Xaver (1506-1552) gewidmet, einem Zeitgenossen Loyolas und Ordensbruder der ersten Stunde; er begründete die Mission der Jesuiten in Japan und Indien und starb auf einer Insel vor der chinesischen Küste.

Gegenüber findet sich der prächtige Altar mit dem Grabmal des Ignatius von Loyola, des Begründers des Jesuitenordens.

XXXVI

Ignatius von Loyola und die Jesuiten

Ignatius von Loyola (geboren 1491 auf einem Schloss in Spanien, gestorben 1556 in Rom) war zunächst Soldat und wandte sich erst nach einer schweren Verwundung dem religiösen Leben zu. Unter schwierigen Bedingungen im fortgeschrittenen Alter studierend, wurde er 1537 zum Priester geweiht und begründete die Gesellschaft Jesu (Societas Jesu), den Jesuitenorden, der 1540 vom Papst bestätigt wurde und dessen erster Ordensgeneral Ignatius bis zu seinem Tod blieb. Wesentliches Kennzeichen der Gesellschaft Jesu ist neben den üblichen Ordensregeln der unbedingte Gehorsam gegenüber dem Papst.

Die Mitglieder dieses ansonsten sehr straff organisierten Ordens leben üblicherweise nicht in Klöstern zusammen, haben kein gemeinsames Chorgebet und keine eigene Ordenstracht. Wesentliche Anliegen sind Ausbildung und Missionsarbeit, weiter ausgedehnte religiöse Übungen (Exerzitien); die Tätigkeit in der Gegenreformation, mit der man die Jesuiten häufig verbindet, hatte bei der Ordensgründung zunächst offenbar keine Rolle gespielt. Zeitweise waren die Jesuiten als Beichtväter an wichtigen Höfen sehr ein-

flussreich und bestimmten in Einzelfällen wesentlich die Politik mit.

Bekannt wurden die Jesuiten nicht zuletzt durch ihre Missionstätigkeit, insbesondere in Südamerika, wo sie in sogenannten Reduktionen (reducciones) mit den indianischen Einwohnern zusammenlebten und sie auf diese Weise vor schädlichen Einflüssen der Kolonialisierung zu bewahren versuchten (sachlich nicht korrekt als „Jesuitenstaat von Paraguay" bezeichnet).

Aus verschiedenen, heute in ihrem Wahrheitsgehalt nicht immer mehr sicher zu überprüfenden Gründen waren die Jesuiten – welche Bezeichnung übrigens zunächst als Spottname für die Mitglieder der Societas Jesu diente – von Anfang an in weiten Kreisen wenig beliebt. Offensichtlich war es unter anderem der große politische Einfluss, der zunächst in Portugal, später auch in Frankreich und Spanien starke Reaktionen gegen die Jesuiten hervorrief und schließlich zu immer stärkeren Druck auf den Papst führte, den Orden aufzuheben. Während Benedikt XIV. und sein Nachfolger Klemens XIII. diesen Schritt noch hinauszögern konnten, wurde mit Klemens XIV. (1769-1774) ausdrücklich ein den Jesuiten wenig freundlich gesonnener Papst gewählt. Allerdings dauerte es hier noch bis 1773, bis Klemens auf Betreiben Frankreichs und Spaniens in dem Breve „Dominus ac redemptor noster" die Societas Jesu aufhob, dies unter anderem mit den Schwierigkeiten begründend, die

Fürsten und andere Orden mit den Jesuiten hätten. Der Ordensgeneral und andere führende Ordensmitglieder wurden in der Engelsburg gefangen gesetzt.

Die Aufhebung des Ordens wurde in Österreich und Teilen Deutschlands nur widerstrebend durchgeführt, auch weil die Jesuiten eine wichtige Bedeutung im Schulwesen hatten; Friedrich II. von Preußen widersetzte sich der Ausführung und nahm Jesuiten aus anderen Ländern bei sich auf. 1814, unter Pius VII., wurde der Orden schließlich wiederhergestellt. In Deutschland war er übrigens im Rahmen des Kulturkampfes von 1872 bis 1917 verboten.

Der Ignatiusaltar in Il Gesù gilt als einer der kostbarsten Altäre der Christenheit überhaupt; unter anderem besteht der Sarg des Heiligen aus Goldbronze.

Man betrachte noch links neben dem Hochaltar eine von Bernini geschaffene Büste des gelehrten und streitbaren Jesuitenkardinals Bellarmin (1542-1621), der 1930 heiliggesprochen und 1931 zum Kirchenlehrer erhoben wurde.

Anmerkungen

Anmerkung 1: Meines Wissen wurde diese Formel bei der Vorstellung von Benedikt XVI. erheblich abgekürzt, nämlich zu „Annuntio vobis gaudium magnum, habemus papam, cardinalem Ratzinger." Sollte ich mich irren, bitte ich um Mitteilung.

Anmerkung 2: Offenbar ebenfalls nicht erhalten hat sich der uralte Brauch, dass vor den Augen des Papstes dreimal ein Stück Werg (Fasern von Flachs oder Hanf) verbrannt wird, und dreimal zu ihm gesagt wird: „Sancte Pater, sic transit gloria mundi (Heiliger Vater, so vergeht aller Ruhm dieser Welt)".

Anmerkung 3: Angeblich soll das Schweißtuch der Veronika zu bestimmten Gelegenheiten vom Balkon des Veronikapfeilers gezeigt werden; nach Berichten handelt es sich aber dabei um ein in seinen Strukturen kaum erkennbares dunkles Gebilde. Eine sehr interessante Tatsache ist, dass ein zur Beschreibung des Schweißtuches sehr viel passenderes Gewebe sich in der Kirche des kleinen, südöstlich von Rom gelegenen Ortes Manoppello befindet. Ob dieses aus der Petersbasilika dorthin während der Wirren des Sacco di

Roma oder schon früher beim Neubau von Sankt Peter dorthin gelangt ist oder ob es sich um ein ganz anderes Objekt ähnlicher Art handelt, ist unklar.

Anmerkung 4: Die Beschreibung stammt aus dem Jahre 1999. Bei meinem letzten Rombesuch Ostern 2012 waren die Grotten nicht zugänglich, sodass ich die Richtigkeit nicht überprüfen konnte. Wahrscheinlich ist aber nur die Reihenfolge der Besichtungspunkte etwas anders. Hinzu kommt natürlich das Grab für den inzwischen verstorbenen Johannes Paul II.

Anmerkung 5: Auch hier konnte ich wegen des Andrangs in der Osterwoche nicht die Richtigkeit der Beschreibung verifizieren. Man erkundige sich deshalb sicherheitshalber speziell nach den Modalitäten des Auf- und Abstiegs.

Anmerkung 6: Die dort dargestellten Todesarten sind aber ganz anderer Natur; ganz offensichtlich vermischen sich bei den Santi Quattro Coronati unterschiedliche Heiligenlegenden.

Anmerkung 7: Schon für einen Mann, der sich ja diverse weibliche Attribute anlegen kann, ist es – etwa in einer Transvestitenshow – schwer, länger als für kurze Zeit den unzweifelhaften Eindruck einer Frau zu machen. Dass aber eine Frau über viele Jahre, vor großen Versammlungen und in kleinen Runden, unerkannt die Rolle eines Mannes spielen kann (dazu noch unauffällig bis zur Niederkunft schwanger herumläuft und Prozessionen anführt), ist so unwahrscheinlich, dass man im Besitz eines gesunden Menschenverstands nicht ernsthaft daran glauben kann. Selbst im Film „Die Päpstin“, wo sicher die besten Maskenbildner am Werk waren, erkennt man in der päpstlichen Gestalt sofort eine Frau.

Kein namhafter Historiker kann auch die Ausführungen des Romans von Donna W. Cross ernst nehmen. Kerner und Herbers (*Die Päpstin Johanna – Biographie einer Legende*, Freiburg, 2011, Herder, S. 10), welche dies gleichfalls nicht tun, zitieren den renommierten Papsthistoriker Horst Fuhrmann: „Gegenwärtig dürften etwa ein Dutzend Romane über das tragische Leben der Päpstin Johanna auf dem Markt sein; historisch haben sie den Wert von Asterix und Obelix.“

Anmerkung 8: Dem Professor der katholischen Theologie Hans Küng – welchem mittlerweile die Lehrbefugnis entzogen wurde – ist offenbar dieser Sachverhalt nicht klar, wenn er etwa in seiner Monographie *Unfehlbar? Eine Anfrage* (Frankfurt, 1980, Ullstein, S. 25) als Beispiel für fehlbare Entscheidungen die „Galilei-Verurteilung“ und andere, seiner Auffassung nach revisionsbedürftige Thesen anführt; es geht hier nicht um Dogmen, sondern um zeitgebundene Ansichten der Kirche.

Anmerkung 9: Die Leugnung des Holocausts ist natürlich entweder eine bemerkenswerte Dummheit oder eine ausgesprochene Perfidie, nach Kirchenrecht jedoch kein

Grund zur Exkommunikation, ebenso wenig, wie man dem Betreffenden deshalb die deutsche Staatsbürgerschaft entziehen könnte.

Anmerkung 10: 2005 entfernte man die Marmorplatte und fand darunter einen offenbar dort seit vielen Jahrhunderten stehenden, nie mehr veränderten Sarg. Einführung einer Sonde zeigte, dass in ihm in prächtige Gewänder eingehüllte Knochenreste liegen, die nach Radiocarbondatierung aus dem ersten oder zweiten nachchristlichen Jahrhundert stammen.

Hinweise auf die verwendete Literatur und Buchempfehlungen

Die Beschreibung der einzelnen Sehenswürdigkeiten, insbesondere Angaben über Schöpfer und Entstehungszeit, sind im Wesentlichen den älteren Auflagen des Polyglott entnommen, etwa dem Polyglott Rom (verfasst von W. Voss-Gerling) in der 12. Auflage von 1982 (München 1982, Polyglott-Verlag). Die neueren Ausgaben gehen weniger ins Detail. Sehr genau sind die einzelnen Sehenswürdigkeiten in Reclams Kunstführer Rom beschrieben (Stuttgart 1994, Philipp Reclam).

Anregende Schilderungen römischer Kirchen und ihrer Entstehungsgeschichte finden sich in H. Rosendorfers Kirchenführer Rom (Berlin 1999, Edition Leipzig). Insbesondere wird auch der Status der einzelnen Gotteshäuser angegeben und die Träger des Titels genannt.

Die Ausführungen in den „Stichworten“ basieren im Wesentlichen auf diversen Werken der Kirchen- und der Papstgeschichte.

Von der ersten Gruppe ist insbesondere die von A. Franzen verfasste und von R. Bäumer überarbeitete *Kleine Kirchengeschichte* (6. Auflage Freiburg 1998, Herder) zu nennen. Sehr viel umfangreicher und detaillierter ist das 10bändige Lexikon für Theologie und Kirche (Freiburg 1965, Herder) mit einem Registerband und drei Ergänzungsbänden zum 2. Vatikanischen Konzil.

Von den zahlreichen Werken der Papstgeschichte wurden vor allem herangezogen A. Franzen u. R. Bäumer *Papstgeschichte* (Freiburg 1974, Herder) sowie das sehr lebendig geschriebene Buch von H. Fuhrmann *Von Petrus zu Benedikt XVI.* (München 2005, Beck). Eine ausgesprochen gut lesbare und schön bebilderte kurze Papstgeschichte stellt auch R. Barth *Von Petrus bis Benedikt XVI. – Alle Päpste* (Köln, 2008, Naumann & Göbel) dar.

Lesenswert ist zudem das 1863 zuerst erschienene Buch von Ignaz von Döllinger *Papstfabeln des Mittelalters* (wiederaufgelegt Kettwig 1981, Phaidon-Verlag); dort ist insbesondere die Fabel von der Päpstin Johanna sehr genau auf ihren Wahrheitsgehalt und ihre Ursprünge untersucht.

Will man sich literarisch auf Rom einstimmen (oder im Anschluss an die Reise die Stimmung noch ein wenig nachwirken lassen), so empfiehlt sich der 1896 zuerst erschienene Roman von Henryk Sienkiewicz *Quo vadis*?, der sehr lebendig das Leben der ersten Christen und die neronischen Verfolgungen schildert. In Rom, und zwar im Umkreis des Vatikans, spielt auch der letzte Teil des Romans *Der veruntreute Himmel* von

Franz Werfel (erschienen 1939); rührend – und zugleich mit etwas Ironie – ist die Geschichte einer Dienstmagd geschildert, die von ihrem Neffen, einem angeblichen Priester, um ihre Ersparnisse geprellt wurde und auf einer Pilgerreise nach Rom schließlich ihren Seelenfrieden findet.

Obwohl sicher kein großes Werk der Weltliteratur, ist Dan Browns Roman *Illuminati* (im englischen Originaltitel: *Angels and Demons*) sehr fesselnd zu lesen und stimmt in hervorragender Weise auf Rom und bestimmte Lokalitäten (etwa die Engelsburg) ein. Ich würde ihn auch nicht als ausgesprochen kirchenfeindlich ansehen. Der Autor benutzt lediglich die faszinierende Römische Kirche mit ihrer in der Tat facettenreichen uralten Geschichte und ihren Parallelhierarchien als Hintergrund für eine spannende Schnitzeljagd mit kirchenpolitischen und kirchengeschichtlichen Exkursen. Wer nicht so verbohrt ist, darin gesichertes historisches Wissen zu vermuten, kann mit *Illuminati* als vorbereitende und begleitende Lektüre zum christlichen Rom einen guten persönlichen (nicht zuletzt geographischen) Zugang gewinnen. Dass die Recherchen des Autors nicht besonders ernst zu nehmen sind, lässt sich schon an Kleinigkeiten sehen: Zwar ist tatsächlich in der Konklaveordnung eine Wahl des Papstes durch Akklamation vorgesehen, aber das machen natürlich die Kardinäle im Inneren der Sixtinischen Kapelle, nicht die Masse auf dem Petersplatz. Einen Kardinal von Frankfurt gibt es ebenfalls nicht. Dan Brown scheint zu glauben, dass eine Stadt mit einem großen Airport auch automatisch einen Kardinal besitzt. Frankfurt ist nicht einmal Sitz eines katholischen Bischofs, geschweige ein Erzbistum, und erst recht nicht wäre der fiktive Erzbischof einer von den dreien in Deutschland, die aufgrund langer Tradition früher oder später zum Kardinal ernannt werden (wie die von Berlin, Köln und München). Das alles tut der Spannung aber keinen Abbruch, und Brown führt in irgendwie geschickter Weise durch die Ewige Stadt.

Register

Stadtbildverluste

Dieter Klein; Martin Kupf; Robert Schediwy
Stadtbildverluste Wien
Ein Rückblick auf fünf Jahrzehnte

Wien begeistert mit seiner Architektur. Der Glanz der historischen Gebäude läßt den Gedanken an Abbruch und Bausünden abwegig erscheinen. Doch sind die Bahnhöfe ohne Flair, nüchterne Zweckbauten der 50er Jahre. Und viele Wiener wissen um den Verlust wertvoller Baudenkmäler. Auch in Wien ist der Modernisierung geopfert worden: So manches Theater und selbst das Stadtbild prägende Kirchen sind verschwunden. Der vorliegende Band zeichnet diese Stadtbildverluste nach. Und setzt sich mit aktuellen Fragen auseinander: der Deklaration der Wiener Innenstadt als Weltkulturerbe, der Diskussion um das Projekt „Wien-Mitte“ und aktuelle Themen wie Dachausbauten, Straßenmöblierung, Novellierung des Denkmalschutzgesetzes und der Wiener Bauordnung im Sinne der Investoren. Ein Orts- und Adressenregister schließt die erweiterte Neuauflage dieses Standardwerks ab.

Bd. 1, 2005, 360 S., 19,90 €, br., ISBN 3-8258-7754-x

Thomas Mally; Robert Schediwy

Wiener Spurensuche

Verschwundene Orte erzählen

Wenn man aufmerksam durch Wien spaziert, stößt man immer wieder auf Spuren der Vergangenheit. Viele Wiener wissen noch, woher Rotundenallee, Zahnradbahngasse oder Filmteichstraße ihre Namen haben, aber die Ursprünge der Tiergarten- und der Vivariumstraße im Prater, der Hetzgasse, des Stuwerviertels oder der Thaliastraße sind nur mehr Spezialisten bekannt.

Die Autoren dieses Buches sind den Spuren von Gebäuden, Plätzen, Personen und Ereignissen gefolgt, deren Nachhall heute noch in Wien zu spüren ist, und präsentieren die Ergebnisse ihrer Recherchen in lockerer Reihenfolge mit gelegentlichen anekdotischen Einschüben. Dabei geht es nicht nur um die Schicksale von Gebäuden und Orten, sondern ebenso um die Menschen, die mit ihnen in Verbindung standen.

Bd. 2, 3. Aufl. 2007, 160 S., 7,90 €, br., ISBN 978-3-8258-8633-2

Bob Martens; Herbert Peter
The Destroyed Synagogues of Vienna
Virtual city walks
This book is devoted to the former Viennese synagogues that were destroyed and thus disappeared irretrievably from the face of the city. With the help of CAD (computer-aided design) and rapid prototyping a working group based around the two authors was able to virtually rebuild the destroyed synagogues. In this guide historical photographs and plans from the time these synagogues were built are contrasted with the virtual reconstructions. Together with the accompanying texts they provide a complete image of the individual houses of prayer. Of particular interest are the recreations of the urban fabric that place the destroyed synagogues in the context of the present-day city.
Bd. 4, 2012, 256 S., 19,90 €, br., ISBN 978-3-643-90170-5